Un modèle de Souveraineté-Association?

Le Conseil nordique

Du même auteur

OUVRAGES :

Le Conseil législatif de Québec, Bruges et Paris, Desclée de Brouwer, 1967, 356 p.

La Présidence moderne aux États-Unis, Montréal, Les Presses de l'Université du Québec, 1974, 230 p.

CHAPITRES D'OUVRAGES COLLECTIFS :

Réflexions sur la politique au Québec, Montréal, Les Presses de l'Université du Québec, 1970, p. 45-66.

Fédéralisme et Nations, Montréal, Les Presses de l'Université du Québec, 1971, p. 259-277.

La Modernisation politique au Québec, Sillery, Les éditions du Boréal Express, 1976, p. 7-17.

Edmond Orban

Un modèle de Souveraineté-Association?
Le Conseil nordique

Collection Science politique

Cahiers du Québec / Hurtubise HMH

*Cet ouvrage a été publié grâce
à une subvention du Ministère
des Affaires culturelles du Québec.*

*Cet ouvrage a été publié sous les auspices
du Centre d'Études et de Documentation
européennes de l'Université de Montréal.*

Maquette de la couverture:
Pierre Fleury

Cartes et schéma:
Robert Hénen

Éditions Hurtubise HMH, Limitée
380 ouest, rue St-Antoine
Montréal, Québec
H2Y 1J9
Canada
(514) 849-6381

ISBN 0-7758-0149-6
Dépôt légal/3ᵉ trimestre 1978
Bibliothèque Nationale du Québec
Bibliothèque Nationale du Canada

© Copyright 1978
Éditions Hurtubise HMH, Limitée

Imprimé au Canada

Remerciements

L'expression de ma gratitude s'adresse au ministère des Affaires intergouvernementales ainsi qu'au Svenska Institutet de Stockholm en raison de l'aide matérielle fournie. Des remerciements particuliers sont destinés à MM. C. Morin, B. Bonin, R. Didier et F. Lebrun.

Je remercie également ici les nombreux responsables des organisations du Conseil nordique et des ministères qui dans les capitales nordiques ont bien voulu m'informer. À ces personnes s'ajoutent plusieurs dirigeants du monde des affaires et du travail, sans oublier les journalistes et surtout de simples citoyens qui, eux aussi, ont beaucoup apporté sur un plan très concret.

Parmi nos collègues, je tiens à remercier plus spécialement N. Andren (Université de Stockholm), G. Von Bonsdorff (Université d'Helsinki), J. Sannes (Institut norvégien des relations internationales, Ørvik (Université Queen's), B. Haskell (McGill), et plusieurs autres professeurs d'universités scandinaves.

Les ambassadeurs et les services diplomatiques des pays nordiques m'ont également fourni personnellement une aide précieuse, tout particulièrement l'Ambassadeur de Suède à Ottawa et le Consul général de ce pays à Montréal.

J'aurais voulu annexer ici une liste du personnel ressource qui me permet de disposer dans les régions nordiques de tout un réseau d'information particulièrement utile lorsqu'il s'agit d'approfondir davantage certaines questions. Mais cette liste serait trop longue, je n'en suis que plus reconnaissant envers toutes ces personnes pour leur collaboration désintéressée et anonyme.

Edmond ORBAN

Mars 1978

Table des matières

Avant-propos

Fidèle à sa vocation scientifique de promotion de la réflexion sur le processus d'intégration européenne et les enseignements d'organisation sociétale y afférents, le Centre d'études et de documentation européennes de l'Université de Montréal se réjouit de la réalisation du présent ouvrage du professeur Edmond Orban, président de son Comité consultatif et cheville ouvrière de son équipe scientifique.

Cette initiative de publication, placée sous les auspices du Centre, se veut un creuset d'enseignements empiriques et de propositions d'analyse systématique, axé sur une problématique d'une portée incontestable. En effet, le processus de rapprochement des pays nordiques, sociétés occidentales avancées, pluralistes, dynamiques, ouvertes à la coopération régionale, européenne et mondiale, représente une expérience intégrative et un modèle de vie sociétale qui aiguillonnent la réflexion et la conception de projets systémiques ; pragmatique, sélective et souple, la coopération nordique ne se confond ni avec un « provincialisme intégratif » ni avec un internationalisme désordonné.

On comprendra ainsi pourquoi, bien que la démarche d'analyse de ce phénomène de rapprochement régional soit déjà lié à un problème de l'heure, voire à une conjoncture canadienne fort politisée, caractérisée par la recherche d'un nouvel équilibre intégratif, elle participe à un processus de réflexion qu'elle situe dans une perspective d'indépendance scientifique, et qu'elle amorce dans un esprit de libre examen et de volonté créatrice. Aussi cette étude de qualité évite-t-elle tant la fuite en avant, celle du discours politique, que le piège d'une démarche intellectuelle coupée de la réalité sociétale environnante.

C'est donc dans cette optique de dialogue constructif et de collaboration soutenue que notre Centre, qui a déjà confié au professeur Orban la promotion et la direction de certains projets de recherches et de publications relatifs à l'intégration des pays nordiques, s'estime particulièrement heureux de pouvoir proposer aux divers segments de la communauté scientifique et de notre population cette remarquable contribution mettant en relief l'importance des phénomènes intégratifs européens pour l'enseignement, la recherche et l'organisation sociétale.

Panayotis SOLDATOS,
Directeur du C.E.D.E.,
Professeur au Département de science
politique de l'Université de Montréal.

Introduction

Pour un processus accéléré de créativité

Le fédéralisme constitue un type d'idéal, global et abstrait, que finalement aucun auteur n'a réussi à exprimer d'une façon articulée et véritablement opérationnelle.

La lecture de Proudhon[1], par exemple, nous permet de nous faire une idée de la richesse, de la complexité et des possibilités inexploitées du concept. Mais, en même temps, on est bien obligé de constater que ce but, vers lequel (selon cet auteur) toute l'humanité devrait tendre, dépend d'une foule de variables qui en rendent la réalisation souvent extrêmement difficile, voire impossible dans la majorité des cas.

Finalement, on pourrait en dire autant de la démocratie, autre concept auquel le fédéralisme est intrinsèquement lié dans la pensée de la plupart des auteurs occidentaux.

Dans ces deux domaines, on peut décrire un certain nombre de réalisations concrètes, ayant connu des degrés divers de succès et d'échec variant selon les époques, les conditions géographiques, les systèmes économiques et sociaux, etc.

Mais, quelles que soient les expériences évoquées ou les abstractions formulées, il y a des points de convergences élémentaires permettant de repartir d'un minimum de base commune. D'abord, le fédéralisme ne représente pas un idéal ou un modèle statique où, notamment, les divers paliers de gouvernement sont fixés définitivement.

On peut le considérer un peu comme une superstructure agissant et réagissant en fonction d'un certain nombre de facteurs de base que plusieurs appelleront l'infrastructure économique et sociale. C'est un modèle d'interactions réciproques, au sein desquelles on peut privilégier l'un ou l'autre facteur. Ainsi les fonctionnalistes (voir les interprétations de Lazure)[2], mettraient surtout l'accent sur la fonction de «goal attainment», c'est-à-dire le facteur politique, alors que d'autres feront de l'économie le facteur quasi déterminant.

Par delà les notions de structures et de fonctions, on pourrait dire que le fédéralisme modèle serait un faisceau d'interactions réciproques en mouvement perpétuel, d'intensité variable, tendant

1. Proudhon, *Oeuvres Choisies*, Paris, Gallimard, 1967, p. 149 à 209.
2. En collaboration, *Fédéralisme et nations*, Montréal, P.U.Q., 1971, p. 49.

toujours vers un point d'équilibre, qu'il est très difficile de situer puisqu'il n'est jamais le même. Dans cette perspective, on peut conclure que l'arrêt du mouvement entraîne automatiquement une rupture d'équilibre et par conséquent une chute plus ou moins brutale.

Par analogie on pense ici à la bicyclette, qui ne peut garder son équilibre que pour autant que les forces qui l'actionnent lui impriment non seulement une direction, mais également une vitesse suffisante.

Au-delà d'un certain seuil, le ralentissement équivaut à l'absence de mouvement et le résultat est le même en termes de déséquilibre.

Quand on parle d'équilibre, on évoque deux forces brutes fondamentales, à première vue opposées, en réalité complémentaires, à condition encore une fois qu'elles tendent vers un point d'équilibre continuellement «remis en question.» Car, comme le souligne Bergson dans *L'Évolution créatrice,* l'individu lui-même change continuellement. En général on ne remarque pas le changement ininterrompu, on n'y fait attention, écrit-il,

> ...que lorsqu'il devient assez gros pour imprimer au corps une nouvelle attitude, à l'attention une direction nouvelle. À ce moment précis on trouve qu'on a changé d'état. La vérité est qu'on change sans cesse, et que l'état lui-même est déjà du changement[3].

Revenant à notre notion d'équilibre mouvant, on pourrait peut-être le cerner un peu mieux en le recherchant au niveau de certains intérêts et valeurs à la fois communs à une fédération et d'autre part distincts, différents, voire opposés selon les entités bien précises qui forment cette même fédération.

D'une façon globale, il ne peut y avoir équilibre que si les entités membres et l'ensemble de leurs principales composantes, coexistent et se développent à la fois comme des entités autonomes et à la fois comme des entités unies dans un tout ayant une finalité commune.

Ce sont là les deux forces brutes annoncées plus haut. Cette constatation nous amène automatiquement à accepter le

---

3. Henri Bergson, *L'Évolution créatrice,* Paris, Collection Prix Nobel, Presse du Compagnonnage, 1971, p. 42.

jugement de Carl Friedrich, selon qui, «il ne peut y avoir de souverain dans un système fédéral. Dans un tel ordre politique, l'autonomie et la souveraineté s'excluent mutuellement... Personne n'a le dernier mot[4].» Si l'on conçoit le fédéralisme et, plus particulièrement, le système fédéral, en des termes aussi généraux et... généreux, le concept «souveraineté-association» pourrait entrer sans grande difficulté dans un tel cadre. D'abord en raison des possibilités d'extension d'un tel cadre et aussi parce que les auteurs du concept précité n'ont guère développé ce second volet «association,» ce qui laisse également place pour une foule d'interprétations et d'expériences diverses.

Il s'avère donc logique de se tourner vers toutes sortes de formes de fédéralisme pour essayer de développer une notion «Association,» qui, jusqu'ici, ne constitue qu'un modeste embryon. Plusieurs théoriciens du PQ ont fait allusion, notamment, à un fédéralisme péniblement en voie de gestation, celui de la Communauté économique européenne. Il y a aussi, phénomène moins connu, l'expérience des cinq États nordiques, qui procèdent à une forme originale «d'intégration de politiques[5]» dans un cadre beaucoup moins institutionalisé que le Marché commun européen, mais avec des résultats très tangibles. Notons en passant que ce modèle que nous continuons d'étudier en équipe dans le cadre d'un projet de recherche[6], s'applique à des pays ayant un certain nombre de caractéristiques géographiques et culturelles parfois plus proches du Québec et du Canada que des autres pays de la Communauté économique européenne.

À ce stade-ci de l'évolution politique du Canada, il y a donc place pour un large éventail de transformations du système, allant du statu quo rigide à la séparation totale, deux extrêmes que peu de personnes finalement semblent réellement désirer. Néanmoins, les partisans de certaines formes d'inertie sont encore fort nombreux; on les retrouve dans tous les milieux, y compris parmi les fonctionnaires les plus bureaucratisés, à la fois de l'administration et des partis politiques. Ceci fait partie de la loi du

---

4. Carl Friedrich, *Tendances du fédéralisme en théorie et en pratique*, Bruxelles, Institut belge de science politique, 1968, p. 19.
5. Voir le concept Policy integration (P.I.2) dans J.S. Nye, *Peace in Parts*, Boston, Little, Brown & Company, p. 41 à 43.
6. Voir «projet F.C.A.C. Québec, 2. 1978-79.

moindre effort et du manque d'imagination, qui la caractérise souvent au nom d'un faux réalisme et d'une fausse prudence.

Et pourtant, les changements accélérés qui viennent de se produire durant quinze ans, surtout au Québec, devraient se traduire au même rythme au niveau des institutions, des pratiques et surtout de l'esprit du fédéralisme canadien. Faute de quoi, l'asynchronisme qui caractérise l'évolution actuelle tendra à aggraver un déséquilibre déjà fort accentué.

Comme toujours lorsqu'on fait face à une situation relativement nouvelle, le désaccord porte sur la nature et l'ampleur des changements survenus. Dans ce cas-ci, il porte également sur la façon de résoudre les problèmes qui résultent du changement, en modifiant un système politique pour qu'il réponde davantage aux besoins nouveaux. En d'autres termes, on ne peut séparer ces deux opérations, alors les réformes ainsi proposées dépendront étroitement de l'analyse de la situation à la fois québécoise et canadienne, ainsi que de son insertion dans le système économico-politique de l'Amérique du Nord.

Une majorité de Canadiens anglophones ne semble pas avoir procédé à cette analyse préalable et faute d'information, peut-être, elle semble croire que les adaptations pourront se faire dans le cadre actuel de la constitution malgré ses limites étroites. Limites étroites, car quiconque s'en tiendrait à l'approche précitée de Carl Friedrich, pour ne citer que lui, la lecture de l'article 91 de l'Acte de l'Amérique du Nord britannique et ses préambules est, à elle seule, lourde de significations par les tendances centralisées qu'elle annonce.

Or, un nombre croissant de Québécois et de Canadiens d'autres provinces, bien avant la naissance du PQ, ont dénoncé cet aspect centralisateur qui se traduit concrètement dans une foule de domaines vitaux. De nos jours, même les partisans québécois du fédéralisme canadien et parmi les esprits les plus modérés, les tendances au rejet deviennent de plus en plus nettes. Certains parmi eux vont jusqu'à proposer des transformations qui, à bien des égards, ne sont pas tellement éloignées pratiquement du concept souveraineté-association[7] d'autant plus que ce

---

7. Voir Gérard Bergeron, « Le projet d'un Commonwealth canadien: quelques jalons, » *Le Devoir*, 9 février 1977, p. 5.

dernier, on l'a souligné plus haut, n'a pas encore été sérieusement défini par le PQ[8]. Ce qui laisse donc une grande marge de manœuvres au niveau des interprétations, jusqu'ici du moins.

Une différence fondamentale existe cependant entre cette thèse d'un nouveau fédéralisme à deux, voire à cinq[9], et le programme du PQ qui a comme priorité de constituer un État indépendant ayant une pleine souveraineté juridique et politique. Ce parti veut absolument repartir sur une base nouvelle, une «base d'égalité,» avant d'entreprendre quelque démarche que ce soit vers ses associés antérieurs. C'est un peu comme si cette opération revêtait une sorte de fonction purificatrice, exorcisant les «démons du passé» dissimulés sous diverses expressions plus ou moins heureuses: complexe du colonisé, du dominé, du minoritaire éternel perdant, etc... En d'autres termes, le PQ veut «assurer» l'identité québécoise en l'intégrant d'abord dans un cadre renouvelé, distinct, libre, avant de négocier une forme nouvelle d'association; «pour négocier un véritable contrat, il faut que les parties soient libres et sur pied d'égalité.»

On peut certes ironiser facilement à ce sujet et beaucoup de critiques ne manquent pas de le faire. Ainsi on peut poser des questions telles que: «pourquoi désintégrer si c'est pour réintégrer par la suite,» comme si toutes les formes d'intégration avaient la même signification et la même densité.

En réalité, quel que soit le degré d'élaboration de leurs interprétations, beaucoup de personnes, tant au Canada qu'à l'étranger, n'ont pas réellement saisi la portée de certains éléments d'ordre psychologique qui, par delà les considérations d'ordre économique, revêtent une grande importance dans l'évolution particulière du Québec. Ainsi, par exemple, ceux qui font partie des majorités «bien assises» trouvent difficile d'imaginer

---

8. Le Programme, l'Action politique, les Statuts et Règlements, Parti Québécois, 1975, p. 1.
   Dans les objectifs généraux on y lit à l'article 7: «Un gouvernement du PQ s'engage à: réaliser la souveraineté politique du Québec par les voies démocratiques et propose au Canada une association économique mutuellement avantageuse.»
9. Dernièrement encore, le Premier ministre de la Colombie britannique a proposé une nouvelle fédération avec 5 provinces (Pacifique, Prairies, Ontario, Québec, Atlantique). Mais ce projet reste très imprécis. Curieusement, il réunirait la même population totale que les 5 États nordiques associés au Conseil nordique. Mais la comparaison s'arrête là, du moins jusqu'ici.

à quel point la partie la plus dynamique de la population québécoise aspire à prendre en main les principaux leviers de son
développement, tout en étant par ailleurs consciente (à des degrés
divers) des limites de cette action potentielle. Ce n'est pourtant
pas un phénomène absolument nouveau, bien au contraire, on
le retrouve avec des hauts et des bas durant toute l'histoire de ce
peuple. Après avoir observé minitieusement cette évolution durant
les quinze dernières années, et en la comparant avec celle de
plusieurs pays des autres continents, une chose nous paraît évi-
dente : à plus ou moins court terme, aucun cadre nouveau ne
sera valable et applicable si on n'accepte pas cette vérité élémentaire qu'il y a au Québec un peuple, voire une nation, qui
veut passer de l'état de minorité dans l'ensemble du pays, à
l'état de majorité sur le territoire occupé actuellement par la
province de Québec.

Ce n'est qu'après avoir répondu substantiellement à cette
exigence que l'on pourra parler d'association. Nous sommes
conscients que ces termes peuvent paraître vagues, confus et
même chargés d'émotivité, mais si l'on ne dépasse pas un type
d'approche purement rationnel, on sera incapable de saisir intui-
tivement et globalement toute la complexité et la profondeur des
aspirations mentionnées plus haut. Il faut, pour beaucoup, faire
un effort d'imagination considérable pour comprendre, par exemple, pourquoi le cadre actuel de la « Confédération canadienne »
peut paraître à certains désuet, ne fut-ce que parce que plusieurs
de ses symboles et de ses pratiques leur rappellent et leur impo-
sent un statut de minoritaire dont ils ne veulent plus.

Si la majorité des Canadiens anglophones « réalisait » d'une
manière sensible et tangible ce que signifie concrètement être
minoritaire, dans un pays dont on se considère le premier fon-
dateur, un pas considérable serait fait au niveau de la compré-
hension indispensable avant la recherche d'un cadre nouveau.
C'est d'ailleurs ce que la majorité des Américains (États-Unis)
ont de la difficulté à comprendre car, pour eux, les Québécois
au Canada n'ont guère plus de « titres » à faire valoir que les
« Franco-Américains » installés sur leur territoire au cours des cent
dernières années. C'est la loi du moindre effort et du plus fort
qui joue ; on prône inconsciemment ou non l'assimilation, ou
plus exactement, l'« anglo-conformity model [10]. »

---

10.   Milton Gordon, *Assimilation in American life : the role of race, religion
      and national origins*, New York, Oxford University Press, 1964.

Admettre qu'il puisse y avoir concrètement et opération-
nellement un autre modèle, s'avère difficile pour les majorités
dont les membres estiment «avoir d'autres problèmes à traiter».
Jusqu'au moment où elles se rendent compte que leur propre
développement est lié, qu'on le veuille ou pas, à la survie du
«minoritaire». Dans le cas du Canada et de la Suisse, on n'a pas
cessé d'évoquer cette possibilité: le Canada sans le Québec risque
de se désintégrer, la Suisse, sans les Suisses romans, sera absor-
bée par son voisin du nord, etc.

Le malheur pour le fédéralisme canadien réside dans sa
jeunesse. Il n'a pas eu suffisamment de temps pour mûrir. On
évoque souvent à tort ou à raison le modèle suisse, mais on oublie
notamment toutes les guerres et conflits qui ont déchiré ce pays.
Paradoxalement ces vicissitudes auront probablement contribué,
en partie, à mettre en place des institutions, des mécanismes,
des pratiques, qui limitent, neutralisent ou réduisent les conflits.
Mais à la base du tout, il semble y avoir un minimum d'esprit
de solidarité, de souci intéressé de protéger ses minorités, pour
assurer sa propre survie et éviter l'absorption par une puissance
voisine.

En d'autres termes, rien de viable ne pourra se faire sans
une transformation profonde des «structures mentales» du Canadien anglophone moyen à l'égard du Québec. Certains croient
que cette transformation peut encore se réaliser au point de ré-
aménager profondément le système fédéral canadien. Voir, notamment à ce sujet, le projet précité de Commonwealth canadien
lancé par Gérard Bergeron[11]. D'autres pensent qu'un véritable
esprit de solidarité et de collaboration ne peut se développer «en
partant de la situation actuelle». C'est pourquoi ils préconisent
une séparation. Certains membres du PQ évoquent à ce sujet
l'exemple de la Norvège qui s'est séparée de la Suède (Union
réelle) pour s'associer plus tard avec ce pays sur une base nouvelle. (Voir l'expérience des cinq États nordiques et du Conseil
nordique). D'autres mentionnent, on le répète, l'expérience du
Marché commun européen, mais aussi différents types d'union
monétaire ou douanière. Dans cette recherche, il faut également

---

11. Les projets sont de plus en plus nombreux, surtout depuis le 15 novembre.
Nous mentionnons celui-ci à titre d'exemple parce qu'il sort particulièrement
des sentiers battus; Gérard Bergeron, «projet d'un Commonwealth canadien»,
op. cit., p. 5.

voir ce souci de ne pas s'isoler. De fait, le Québécois nouveau, tout en étant conscient de son identité propre, s'ouvre de plus en plus sur le monde extérieur et son réseau de communications et de «transactions» s'est intensifié et étendu à une vitesse surprenante au cours des vingt dernières années. Des indicateurs de toutes sortes permettent de retracer cette évolution [12] qui se traduit par des échanges accrus de biens, de personnes, d'idées, avec des entités aussi diverses que les États-Unis, les pays latinoaméricains, la francophonie, etc.

Le Québécois paraît de plus en plus apte à s'associer et à collaborer pleinement avec ceux qui l'accepteront à part entière et ne lui imposeront pas un cadre politique basé trop exclusivement sur la règle... démocratique de la majorité [13].

Il y a certes place pour beaucoup d'imagination et d'audace dans la recherche de ce cadre. Mais faute de ces deux éléments qui font aussi paradoxalement partie du «réalisme futur», les deux peuples fondateurs et leurs associés courent de sérieux risques de désintégration, d'isolement et ensuite d'absorption plus ou moins rapide par le voisin du sud. Si c'est cette alternative que l'on souhaite, notre propos n'a plus aucun sens.

Dans le cas contraire, il est urgent d'intensifier les relations entre les parties appelées à négocier, en y incluant la masse des citoyens tenue trop souvent à l'écart. Certes les hommes politiques sont «institutionnellement» mieux placés pour interpréter et stimuler cette participation. À ce point de vue, les représentants des média d'information jouent un rôle extrêmement important également. Il ne faut pas non plus négliger les chercheurs de bonne volonté qui bénéficient parfois d'une capacité de recul plus grande par rapport à l'événement présent. On les retrouve parmi les futurologues et les analystes d'un présent étroitement relié au passé.

---

12. Il manque des synthèses dans ce domaine.
13. Parlant d'«intégration-amalgamation», concepts pouvant s'appliquer également à l'État fédéral de type classique, K. Deutsch a souligné le caractère désastreux des mesures coercitives confinant à la violence. Voir *Political Community and the North Atlantic Area.* Princeton, Princeton University Press, 1957. Sur ce point heureusement il semble y avoir un assez large consensus au niveau des dirigeants actuels du Canada.

Le laboratoire des expériences est immense et les portes sont grandes ouvertes sur l'avenir, surtout si l'on se place dans une perspective de changement continu où le souvenir du passé reste néanmoins toujours présent.

> Sans doute nous ne pensons qu'avec une petite partie de notre passé ; mais c'est avec notre passé tout entier, y compris notre courbure d'âme originelle, que nous désirons, voulons, agissons. Notre passé se manifeste donc intégralement à nous par sa poussée et sous forme de tendance, quoique une faible part seulement en devienne représentation [14].

Cette pensée de Bergson, transposée sur le plan de la collectivité, exclut évidemment les utopistes de la « tabula rasa » et nous met en harmonie avec nous-mêmes et tous ceux qui nous ont précédés, pour tisser la trame de notre étoffe commune.

Quelle que soit la nouvelle forme d'association du Québec avec le reste du Canada, tout le monde finalement a intérêt à ce que l'étoffe québécoise soit très solide. Car il faudra sûrement tailler et après cela recoudre, pour l'adapter aux changements et à tous les besoins qu'ils entraînent naturellement. Si du moins on vise à un minimum d'harmonie et même d'élégance pour le « nouvel ensemble [15] ».

L'analyse qui suit se situe donc dans cette perspective de recherche. Elle n'a nullement la prétention d'offrir un modèle tout fait, applicable au Canada ou au Québec moyennant un certain nombre d'ajustements.

En réalité l'objectif est beaucoup plus modeste : il vise essentiellement à apporter un certain nombre de matériaux à utiliser dans une perspective analytique comparative. Le Conseil nordique réunissant cinq pays très modernisés, avec une population totale équivalente à celle du Canada, constitue un laboratoire d'expériences particulièrement précieux dans presque tous les domaines.

Ici aussi on relève une volonté constante d'autonomie et en même temps un désir réaliste de s'associer à d'autres ensembles pour mieux se développer.

---

14. Bergson, *op. cit.*, p. 44 et 45.
15. Une partie de cette introduction est reprise de notre article « Canada-Québec : pour un processus, accéléré de créativité, *Journal of Canadian Studies*, vol. 12, n° 3, juillet 1977.

Repli et ouverture représentent à première vue deux mouvements contradictoires. En réalité, ils sont indissociables et correspondent à l'essence même de la vie, dans la mesure où tout développement dépend d'un minimum d'enracinement, d'identité propre, de liberté et d'autonomie.

Première partie

Problématique
et facteurs d'intégration

I. Problématique et concepts de base

Quand on veut décrire l'expérience communautaire des cinq pays nordiques dans le cadre du Conseil nordique, on utilise une grande variété de termes, tels que: intégration, coopération, régionalisation, coordination, association, harmonisation, etc. Les deux termes qui reviennent le plus souvent dans la littérature écrite sont: coopération (au sens le plus large du terme) et intégration. Ce dernier prête à équivoque et selon plusieurs experts scandinaves, tels que notamment Nils Andrén, il importe avant tout de mettre l'accent sur le degré d'interdépendance des éléments composants. Pour Andrén, par exemple, l'intégration est un processus transformant un système de telle façon que l'interdépendance mutuelle de ses composantes mutuelles est augmentée[1].

Si l'on considère l'expérience nordique précitée, on constate certes que la dynamique de l'interdépendance y est soulignée dès le départ mais en même temps les objectifs restent assez vagues et généraux. Ainsi, dans le traité de coopération des cinq pays nordiques[2] de 1962, les dispositions liminaires de l'article premier mentionnent que: «les parties contractantes s'efforceront de maintenir et de développer la coopération qui existe déjà entre leurs

---

1. N. Andrén, «Nordic Integration-Aspects and problems». Cooperation and conflict, 1967, p. 1-25.
2. Voir en annexe la traduction française du Traité d'Helsinki («Charte» de l'association des cinq pays nordiques) amendé en 1971 et 1974.
   En annexe également voir «Titre d'autres accords et conventions conclus entre les pays nordiques dans le cadre de la coopération nordique.» Il s'agit ici d'une traduction et d'une adaptation effectuée par nous à partir de «Cooperation agreements between the nordics countries», Stockholm, Nordisk Utredmingsserie, 1976.

pays dans le domaine législatif, culturel, social, économique de même que dans celui des communications». Or, les articles suivants ne définissent que très sommairement ce qu'on entend par coopération dans les cinq domaines mentionnés. En ce qui concerne la coopération économique (articles 18 à 25), on parle de consultation en matière de politique économique, de coordination des mesures pour limiter les fluctuations de la conjoncture (article 18), de coopération dans le domaine de la production et des investissements (article 19), de libéralisation des mouvements de capitaux entre les cinq pays nordiques, d'action commune dans les questions de paiement et de devise (article 20), d'élimination des obstacles commerciaux (article 21), d'action concertée pour les politiques commerciales internationales (article 22), de coordination des règles douanières, sans proposer même à long terme une abolition des douanes (article 23), enfin, de faciliter le développement économique des régions voisines (articles 24 et 25).

Quant aux institutions communes proposées (Conseil nordique), elles sont extrêmement réduites comme nous le montrerons plus loin et rejettent dès le départ tout principe de supranationalité et donc toute notion d'autorité dans le sens coercitif.

Comme dans une véritable confédération d'États, chaque État membre reste pleinement souverain et libre d'appliquer ou pas les propositions (ou recommandations) des institutions communes. D'une façon générale, nous avons pu observer dans les cinq pays nordiques cette double constante: d'une part un désir de coopération toujours plus poussée mais en même temps une volonté farouche de garder jalousement son droit ultime de décision. Et ce, pour des raisons diverses dont plusieurs sont reprises dans la partie consacrée aux facteurs d'intégration et de désintégration (voir notamment les disparités économiques et le rôle du facteur psychologique dans le cas des trois pays n'ayant acquis leur indépendance politique qu'au XXe siècle).

Il s'agit donc d'un type d'intégration fort différent de celui présenté par Haas, par exemple, lorsqu'il observe notamment la bureaucratisation croissante des élites de la Communauté économique européenne et surtout le changement des «loyautés», attentes et activités en direction et au profit d'un nouveau centre super-étatique, ''the process whereby political actors in several distinct national settings are persuaded to shift their loyalties, expectations and political activities toward a new centre, whose institutions possess or demand juridiction over the pre-existing national states[3]».

Dans le cas de l'expérience nordique, on met donc beaucoup moins l'accent sur l'aspect institutions politiques communes et ces dernières ne font souvent que suivre, parfois avec retard, l'évolution en cours, au lieu de la précéder, de la diriger ou tout simplement de la canaliser.

Dans cette perspective d'ailleurs fort pragmatique, des institutions, telles que le Conseil nordique, ne jouent à première vue qu'un rôle secondaire, quand on les compare avec le Conseil des ministres et la Commission européenne de la Communauté économique européenne. Pour élargir et en même temps préciser notre concept d'intégration, il nous paraît très utile d'emprunter certains éléments de la définition fournie par K. Deutsch: «integration is the attainment within a territory of a sense of community and of institutions and practice, strong enough and widespread enough to assure for a long time, dependable expectations of peaceful change among its populations[4]».

Pour qu'une population donnée puisse être considérée comme ayant un sens de la communauté (sense of community) il faut que les individus faisant partie de cette communauté partagent au moins un point commun; à savoir qu'ils croient que les problèmes sociaux (au sens large) communs peuvent et doivent être résolus en vertu d'un processus de changements pacifiques. Ce processus implique l'utilisation sur une grande échelle de procédures institutionnalisées et exclut le recours à la coercition physique.

Si l'on réunit ces conditions de base, on obtient ce que K. Deutsch appelle une «security community», laquelle peut être soit du type «amalgamé», soit du type «pluraliste». Dans le cas dit amalgamé, deux ou plusieurs unités, antérieurement indépendantes, se fondent en une seule unité plus large avec certaines formes de gouvernement commun. Et K. Deutsch place dans la même catégorie «amalgamated security community», à la fois un État fédéral (tels que les États-Unis aujourd'hui) et un État uni-

---

3. E. B. Haas, The Uniting of Europe: Political, Social and Economic Forces: 1950-57, Stanford, 1958.
4. K. Deutsch, Sidney A. Burrell et al., Political Community and the North Atlantic Area: International Organization in the light of Historical Experience, Princeton, Princeton University Press, 1957.

taire même fortement centralisé, pourvu qu'ils réunissent les conditions d'une « security community ».

Par contre, et ceci s'avère intéressant pour l'expérience
nordique, la « security community » dite pluraliste a comme caractéristique essentielle de comporter des gouvernements séparés gardant leur souveraineté.

Si l'on adopte un cadre de ce genre, on pourrait formuler
une hypothèse de départ, selon laquelle les partisans d'une Europe
supranationale souhaitent une « security community » amalgamée
alors que les protagonistes du mouvement souveraineté-association
partent d'une société amalgamée (Fédération canadienne jugée trop
centralisée) pour se diriger vers une « security community » dite
pluraliste. Cette seconde tendance s'identifierait alors schémati-
quement à l'expérience actuelle des pays nordiques. Fait important, la « security community » de type pluraliste ne constitue
nullement un recul qualitatif par rapport à la « security community »
amalgamée, l'essentiel étant pour K. Deutsch que l'on préserve le
caractère pacifique et positif des changements intervenus ou à
intervenir. Pour mieux dégager les tendances de base, nous pour-
rions effectuer l'adaptation suivante d'un schéma provisoire, en
tenant compte évidemment des seuils et zones intermédiaires qui
seront si importants pour le reste de la démonstration[5].

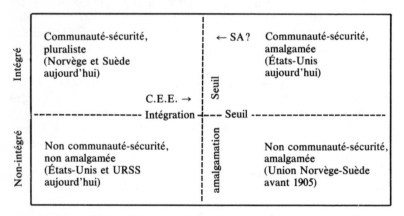

S.A.   Souveraineté-association (projet)
C.E.E.   Communauté économique européenne futuriste

---

5.   Schéma emprunté à K. Deutsch, Political Community *op. cit.* Une adaptation
     a été faite en fonction des pays étudiés par comparaison avec les États-Unis.

En conclusion, l'intégration du type nordique, telle que nous pouvons la concevoir au départ, a comme caractéristique essentielle d'être très pragmatique dans son approche, sans objectif centralisateur ou unitaire. Elle rejette catégoriquement toute forme de coercition, évite la bureaucratisation centralisatrice, procède par voie d'informations mutuelles, enquêtes, consultations, le tout se traduisant en mesures d'harmonisation, de coordination, de coopération. Ce type d'intégration connaît des hauts et des bas, dont les fluctuations sont fonction de pressions internes et externes qu'il convient de repérer, sinon d'évaluer, avec le plus grand soin.

Et à ce point de vue, il est évident que tout comme dans le cas de la relation Québec-Canada, le rôle du facteur exogène s'avère extrêmement important. À bien des égards, la force d'attraction économique subie par les pays nordiques par rapport à la C.E.E. peut se comparer dans une large mesure à ce que l'on observe au Québec et dans le reste du Canada dans les relations avec les États-Unis.

Par ailleurs, en réaction contre les dangers de cette force d'attraction et d'absorption, on peut observer, mais à des degrés très divers dans les pays nordiques, une tendance à un regroupement en vue de se protéger contre les voisins du sud trop puissants. Et cette constatation explique en partie la stratégie générale de ces pays qui, tout en voulant jouir des avantages économiques d'une collaboration au sein d'un plus grand ensemble économique (Association Européenne de libre échange ou C.E.E.), désirent en même temps conserver leur souveraineté et une identité propre.

Et ceci nous permet de souligner également au passage l'importance du facteur socio-culturel dans le processus d'intégration nordique. En effet, s'il n'y avait que le facteur économique en jeu, les pays nordiques cesseraient de constituer un tout relativement distinct, tant est grande leur dépendance économique à l'égard de la Communauté économique européenne. La faiblesse du commerce intra-nordique en est, à elle seule, une indication majeure.

En cela également, ce type de réaction s'apparente à celle que l'on peut observer chez certains Québécois désireux de prendre un peu plus leurs distances à l'égard des États-Unis, étant donné l'énorme emprise qu'exerce cette puissance non seulement dans le domaine économique mais sur tout son mode de vie. On a donc ici une réaction commune de petits pays viables et d'ailleurs fort développés au point de vue économique (les pays scandinaves ont un niveau de vie parmi les plus élevés du monde, le produit national brut per capita de la Suède étant même supérieur à celui des États-Unis). Cette réaction se traduit donc par le désir de se ménager un minimum d'indépendance à l'égard des blocs économiques trop puissants et dont l'emprise s'étend à tous les domaines de la vie sociale.

La tendance au regroupement sur des bases communes, que nous essayerons de préciser dans les pages qui suivent, procède ainsi du souci de protéger un équilibre sans cesse menacé. On ne peut certes comprendre le comportement de ces pays sans réaliser concrètement ce que peut signifier et ce qu'implique, par exemple pour la Finlande, la présence de l'URSS à ses frontières avec ses conséquences militaires et politiques surtout. Quant aux pressions exercées par la C.E.E., nous verrons plus loin ses effets économiques mais le problème pour les pays nordiques c'est précisément de sauvegarder le degré d'indépendance politique qui leur permettra de survivre comme des entités distinctes.

Et ceci nous amène à voir de plus près et dans une perspective globale quelles sont les lignes de force et les points faibles du processus d'intégration des cinq pays nordiques [6].

---

6.   Pour une bibliographie sur les problèmes d'intégration nordique et européenne voir notamment B. Haskel, The Scandinavian Option: Opportunities and Opportunity Costs in Postwar Scandinavian Foreign Policies, Universitet-forslaget, Oslo, 1976, pp. 237-266. Pour une bibliographie plus générale, Scandinavia in English Scandinavian Studies, 47, Suppl. 1975.

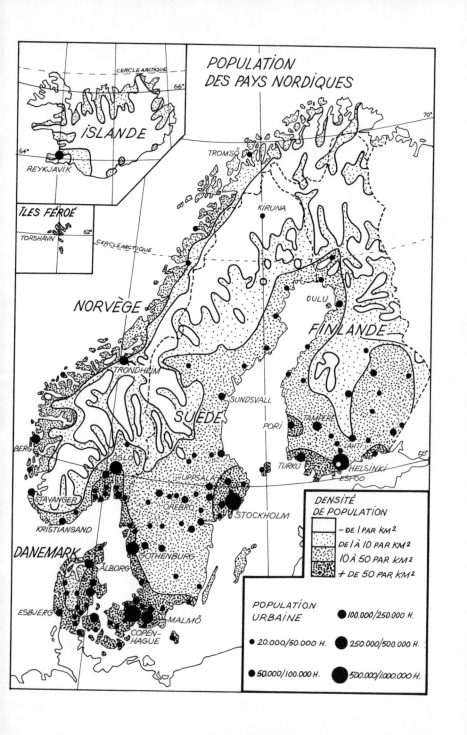

POPULATION DES PAYS NORDIQUES

CERCLE ARCTIQUE
66°
ISLANDE
64°
REYKJAVIK

ÎLES FÉROÉ
62°
TORSHAVN
CERCLE ARCTIQUE

70°
TROMSÖ

KIRUNA

NORVÈGE

OULU

FINLANDE

TRONDHEIM

SUÈDE
SUNDSVALL
PORI
TAMPERE

BERGEN
OSLO
UPPSALA
LAHTI
60°
TURKU
HELSINKI
ESPOO

STAVANGER
ÖREBRO
STOCKHOLM

KRISTIANSAND

DANEMARK
GOTHENBURG

ÅLBORG

ESBJERG
MALMÖ
COPEN-
HAGUE

DENSITÉ
DE POPULATION

- DE 1 PAR KM²
DE 1 À 10 PAR KM²
10 À 50 PAR KM²
+ DE 50 PAR KM²

POPULATION
URBAINE   ● 100.000/250.000 H.

● 20.000/50.000 H.

● 50.000/100.000 H.   ● 250.000/500.000 H.

● 500.000/1.000.000 H.

II. Facteurs externes
d'intégration et de désintégration

1. Facteur géographique

« Aucune unité physique ne marque cet espace de 1,122,000 km² », écrit le géographe Jeannin[7] lorsqu'il souligne les énormes différences existant entre les cinq pays nordiques. À l'intérieur même des pays étirés tels que la Norvège, la Suède et la Finlande, on retrouve l'opposition nord-sud, les décalages de température, les passages brusques d'hivers longs et rudes à des étés relativement chauds. Tout comme au Canada la partie septentrionale est pratiquement vide d'habitants (au-delà du 60° parallèle), le peuplement se faisant en bordure de la péninsule dans le sud et s'articulant autour de quelques centres portuaires. Ce développement périphérique constitue déjà à lui seul un indice de la dépendance de ces régions par rapport au continent européen. La majeure partie de cette population, comme celle du Canada, est donc aux prises avec un climat rude et se trouve à la limite du monde habitable.

Par contre, ces données ne s'appliquent pas au Danemark à la fois île et presqu'île, prolongement des plaines de l'Allemagne du Nord, comportant un peuplement beaucoup plus dense et d'une autre nature.

L'Islande, pour sa part, constitue un cas particulier et son caractère à la fois insulaire et marginal pose au départ des problèmes difficiles ne fût-ce que sur le plan des communications.

---

7. P. Jeannin, Histoire des pays scandinaves, Paris, Presses Universitaires de France, 1965, p. 5.
Le fait d'être des pays baltiques a cependant entraîné des conséquences historiques très importantes pour les Scandinaves et les Finlandais. Voir à ce sujet Jean Meuvret, Histoire des pays baltiques, Paris, A. Colin, 1934.

2. *Facteur historique*

L'histoire des cinq pays nordiques est marquée par de nombreuses guerres, conséquences de conflits plus étendus qui ont déchiré l'Europe du Moyen-Âge à nos jours. Très tôt cependant, le Danemark et surtout la Suède ont émergé comme puissances dominantes par rapport à leurs voisins nordiques. En fonction des expériences vécues, on retrouve chez certains Scandinaves et Finlandais un mélange complexe de fierté nationale mais aussi parfois de sentiments mitigés à l'égard des anciens dominants danois ou suédois. Et pour en comprendre la portée relative, il faut remonter dans le temps.

Ainsi le XIIIe siècle a été une période faste pour la Norvège (période des sagas), elle comportait alors l'Islande et le Groenland, possessions qui lui seront enlevées plus tard par le Danemark. La Norvège subira la domination danoise pendant près de quatre siècles pour passer ensuite, en 1814, sous le contrôle de la Suède. Le Danemark avait d'ailleurs été amputé à son tour d'une de ses provinces les plus riches (la Scanie), perdant ainsi au XVIIe siècle la base qu'il occupait dans la péninsule scandinave et qui lui permettait de faire le pont entre les pays nordiques et l'Allemagne du nord. Cette annexion au profit de la Suède coïncide avec ce que certains qualifient d'impérialisme suédois. Ce dernier connaît son sommet sous Gustave II Adolphe et dès 1648 (traité de Westphalie) la Suède annexe une partie de la Poméramie, contrôle les bouches de l'Elbe et de la Weser, dominant ainsi toute la mer Baltique et ses riverains nordiques. Le cas de la Norvège mériterait à lui seul une étude particulière, car ce pays après avoir connu les deux dominations précitées aurait pu se contenter de vivre dans le cadre assez large de l'Union personnelle qui le liait à la Suède. Mais après une lutte longue (relativement pacifique) la Norvège réussit finalement à obtenir son indépendance en 1905, en dépit d'une certaine opposition de l'Allemagne et avec l'accord plus ou moins tacite de la Grande-Bretagne[8].

La Finlande fait, elle aussi, partie du groupe des trois pays nordiques « ex-dominés ». Annexée à la Suède jusqu'en 1809, elle sera incorporée de force par la Russie des tsars, jusqu'à la révo-

---

8. Pour une étude du processus de l'indépendance de la Norvège, voir R. Lindgren *Norway-Sweden: Union, Disunion, Integration*, Princeton, Princeton University Press, 1959.

lution russe de 1917, date de son indépendance. Tous ces événements ont eu de profondes répercussions à la fois sur le mode
d'administration et sur l'économie du groupe des pays nordiques
dominés. Ainsi les problèmes linguistiques actuels peuvent en partie s'expliquer en raison de ces «occupations» successives. Par
exemple, le norvégien traditionnel des campagnes a été supplanté
en partie par le danois, langue des citadins plus évolués. Les réac-
tions des nationalistes norvégiens se traduisent sur le plan linguistique également, car le danois, tout comme le suédois, ont été des
langues imposées dans le cadre d'une domination étrangère, même
s'il s'agit de Scandinaves dans les deux cas.

Même phénomène à l'autre extrémité de la communauté
nordique où la langue suédoise, parlée par une minorité dominante de Suédois et d'«assimilés», s'est développée aux dépens
du finlandais et a laissé un certain nombre de séquelles qui ne sont
pas encore effacées de nos jours. Et ce, d'autant plus que cette
minorité linguistique (moins de 10% de la population totale de la
Finlande) s'avérait être en même temps une minorité privilégiée
sur le plan économique et social. Accentuant encore de ce fait la
disparité observée sur le plan culturel et politique, avec tous les
effets cumulatifs que constitue cette superposition de facteurs de
«clivage».

Nous avons relevé ces facteurs de désintégration, issus
d'un passé parfois relativement lointain, parce qu'ils jouent encore
un rôle (bien qu'atténué) de nos jours. Ils peuvent même se retrou-
ver à la base d'un certain complexe de supériotité ou d'infério-
rité que l'on peut déceler chez beaucoup de nordiques selon qu'ils
appartiennent au groupe ex-dominant ou ex-dominé.

Combinés avec les effets d'une disparité économique parfois
assez nets et certains éléments défavorables de la conjoncture
internationale, ces données d'ordre psychologique reliées au passé
peuvent constituer des facteurs négatifs dans le processus d'intégration des pays nordiques, particulièrement en ce qui concerne la
Finlande et la Norvège.

Il est certes difficile d'apprécier ces données à leur juste valeur et d'en voir toutes les facettes, surtout si on ne se contente
pas de les examiner les unes après les autres isolément. Il n'empêche que l'on peut trouver significatif ce besoin qu'éprouvent les
cinq pays nordiques «d'harmoniser» le contenu de leurs livres
d'histoire nationale respectifs, de façon à «dédramatiser» partiel-

lement les antagonismes qui ont pu opposer certains de ces pays entre eux au cours de leur histoire.

Et il y a ici un aspect commun relevant de l'éducation, voire de la propagande, important pour le processus d'intégration. Car le sens de la communauté, tel qu'évoqué dans le chapitre I, exige un minimum de « sympathie, de confiance et de considération mutuelles ». Or, ce sens ne peut se développer tant que subsiste le double complexe dominant-dominé ou conquérant-conquis, encore latent de nos jours, quelle que soit la subtilité des formes dans lesquelles il s'exprime.

3. *Conflits internationaux et système de défense nordique*

En mentionnant le facteur historique, nous avons constaté que certains antagonismes opposant les pays nordiques entre eux dépendaient d'événements extérieurs à ces pays. Ceci est particulièrement patent au cours des deux derniers siècles, quand se sont développées les grandes puissances européennes continentales. En général, souvent malgré eux, les pays nordiques ont été entraînés dans un tourbillon de guerres successives, étant devenus la plupart du temps incapables de résister en tant qu'unité isolée.

Ainsi les guerres napoléoniennes, qui vont bouleverser la carte de l'Europe pour des générations, ont opposé deux pays frères, la Suède et le Danemark. Tandis que la Norvège réduite au rang de monnaie d'échange, passait du Danemark à la Suède, en compensation pour la perte que venait de subir ce dernier pays en cédant la Finlande à la Russie quelques années auparavant.

On a souligné plus haut les effets désintégratifs de pareilles transformations, dues aux aléas des conflits internationaux et aux changements d'alliances, heureux ou malheureux selon le cas.

La Première Guerre mondiale (1914-18) pourrait s'avérer une exception dans une certaine mesure, car à cette époque la Norvège, le Danemark et la Suède ont pu sauvegarder leur statut de neutralité[9], alors que la Finlande réussissait à se détacher de la Russie dont le régime était devenu de plus en plus oppressif.

---

9.   Pour une excellente étude sur le déclin de la neutralité nordique, voir N. Ørvik, *The Decline of neutrality, 1914-1941*, Oslo, Grundt Tanum Forlag, 1953.

Le dernier conflit mondial, par contre, a constitué un facteur de ressentiment et de division centré principalement sur la Suède. En effet, tandis que ce pays avait eu la chance de profiter d'une neutralité bénéfique, notamment au point de vue économique, le Danemark se voyait occupé par l'armée allemande et la Norvège subissait de grandes dévastations à la suite de sa résistance. Effets encore plus dévastateurs pour la Finlande, à la suite de ses deux guerres successives avec une URSS qui finalement l'ampute d'une partie de son territoire et lui coupe tout accès à l'océan Arctique. Et, ce qui nous intéresse le plus ici, par la même occasion, l'URSS impose à la Finlande un statut international (traité de Paris (1947) et traité d'amitié, de coopération et d'assistance mutuelle (1948), renouvelé en 1970, limitant considérablement son autonomie externe et interne par voie d'implication.

En résumé, les quatre pays nordiques entraînés dans ce conflit mondial ont subi toute une série de dommages, sur la nature desquels on ne s'étendra pas ici mais dont nous retiendrons une autre donnée importante de par ses effets désintégratifs, à savoir: un accroissement dangereux de la disparité économique des pays nordiques par rapport à la Suède. Mais ici nous abordons une question d'ordre interne et nous la traiterons dans le chapitre III. Pour l'instant nous nous contenterons d'enregistrer le fait que cette aggravation d'un facteur interne négatif a été provoquée par un facteur exogène. Si nous revenons sur la scène extérieure, nous constatons donc comment le nouvel ordre international et le système bipolaire mis en place après Yalta, ont des conséquences directes sur l'intégration des pays nordiques.

Elles vont dans le sens du freinage quand on considère le cas évoqué plus haut de la Finlande dans ses rapports avec l'URSS. En effet, lorsqu'elle atteint un certain degré et prend une orientation perçue par les Russes comme étant dominée par le «bloc occidental», l'intégration nordique peut se révéler alors comme une menace sur leur flanc nord-ouest, d'autant plus que ce dernier est particulièrement vulnérable à leurs yeux. Et les expériences des invasions du passé ne font que les confirmer dans cette croyance, même à l'époque des missiles transcontinentaux. La Finlande représente donc un pion spécial sur l'échiquier international. Tout en lui reconnaissant une autonomie dont ne bénéficient nullement les pays satellites de l'Europe de l'Est, l'URSS considère qu'elle fait partie de son système de défense à la fois militaire et politique. Cette situation particulière de la Finlande et les limites qu'elle implique, expliquent en partie l'échec d'expériences d'intégration plus poussée dans le domaine économique, telle que Nordek en 1970. Encore faudrait-il ajouter qu'en réaction et en contrepartie, quoique d'une façon plus subtile et moins spectaculaire, les Finlandais de leur côté réagissent à ce type de pression extérieure, en se rapprochant de leurs voisins nordiques mais en empruntant d'autres voies et d'autres formes. Il y a cependant des limites précises qui leur sont imposées par leur voisin soviétique, elles représentent des règles du jeu non négociables que les Finlandais ne peuvent transgresser impunément et ils en sont parfaitement conscients. Fait certain, l'expérience prouve qu'il leur est difficile de participer à une intégration nordique économique plus poussée, ne fût-ce que parce que deux pays membres de l'OTAN en font partie (Danemark et Norvège) et qu'en outre, sous une étiquette neutraliste, la Suède ne dissimule guère ses sympathies pro-occidentales.

À plus forte raison serait-il impossible pour la Finlande de s'intégrer à un système de défense commune avec les autres pays nordiques, même sous une étiquette neutraliste.

D'un autre côté, la Norvège et le Danemark, à la suite du dernier conflit mondial, n'ont pas pu résister à d'autres formes de pressions émanant cette fois du bloc occidental et plus particulièrement des États-Unis, leader de l'OTAN. Quel que soit leur degré d'autonomie au sein de ce système de défense, il n'en reste pas moins vrai que leur absorption au sein de l'OTAN s'est réalisée aux dépens d'un système de défense nordique, qui aurait pu théoriquement intégrer les cinq pays nordiques et leur faire éventuellement adopter une politique de neutralité commune. Mais, il y a eu les cassures précitées, provoquées par l'opposition irréductible de deux systèmes de défenses dominés chacun par une des deux superpuissances. Et on assiste donc à cette désintégration des pays nordiques sur le plan de la défense: d'une part, à l'est, la Finlande située dans l'orbite soviétique (du moins à ce point de vue) et d'autre part le Danemark et la Norvège dans le camp opposé. Au milieu, on retrouve la Suède, seul pays ayant la possibilité d'être neutre. Jouissant d'un statut différent de ses voisins nordiques et occupant une position géographique centrale par rapport à ses partenaires, la Suède peut jouer un rôle de charnière à l'égard de ceux-ci et même bien au delà, à l'égard d'autres pays dans un monde divisé en blocs.

Mais encore une fois cet éventail de statuts en matière de défense, quels qu'en soient les avantages et nécessités, représente l'antithèse d'un modèle d'intégration. Cette variété des options et des allégeances externes, constitue finalement une des pierres d'achoppement quand on considère le processus d'intégration nordique dans sa globalité[10].

4. *Attraction des blocs économiques extérieurs*

Sur le plan monétaire, les pays scandinaves (Finlande exclue) ont connu une intégration relative au siècle dernier. En effet, en 1872, une union monétaire fut conclue entre la Suède et le Danemark auxquels vint se joindre la Norvège. Cette dernière malgré son rattachement à la Suède (dans le cadre d'une union personnelle) disposait encore de sa propre monnaie. Il y eut donc à cette époque parité des trois monnaies et un cours légal commun « scandinave ». Malheureusement l'union monétaire, suspendue en 1914, disparut, lors de la crise de 1924, consacrant ainsi un recul sérieux dans la voie de l'intégration économique de ces trois pays.

En 1958, la naissance de la C.E.E. et ensuite le développement de l'Association européenne de libre échange (sa contrepartie) constituent des événements d'une importance capitale pour les pays nordiques. Désormais en effet, les éléments essentiels de la coopération économique entre certains pays nordiques prennent place à l'intérieur de cette organisation relativement souple et peu contraignante que constitue l'Association européenne de libre échange. Selon plusieurs observateurs, l'A.E.L.E. a contribué largement à l'augmentation du commerce des pays nordiques entre eux. En ce sens, cette expérience d'association a été bénéfique en termes d'intégration économique nordique. Mais il ne faut pas en exagérer la portée car la majeure partie du commerce des pays nordiques continue de se faire avec des partenaires étrangers (essentiellement d'Europe occidentale).

En outre, l'A.E.L.E. a eu le mérite de promouvoir une plus grande rationalisation dans l'utilisation des facteurs de production, notamment en favorisant une spécialisation plus poussée par des accords mutuels en matière de production industrielle.

---

10. Sur ces questions il existe de nombreux articles d'experts nordiques publiés, notamment, dans les revues suivantes: Scandinavia Past and Present, International Organization, The Scandinavian Economic History Review, Scandinavian Political Studies et surtout Cooperation and Conflict.

Finalement cette organisation n'a connu qu'un degré relativement faible d'intégration économique et l'entrée de la Grande Bretagne dans la C.E.E. devait en souligner les insuffisances, surtout face au problème posé par le développement de «l'Europe des six».

L'absorption du Danemark au sein de ce bloc élargi et les hésitations de la Norvège à s'y joindre constituent à plusieurs égards un autre facteur de division, sinon de désintégration de la communauté nordique. Surtout si l'on met en parallèle avec ce changement d'attitude la tentative d'intégration économique proprement nordique que constituait «Nordek». Sur le plan des structures et des objectifs, Nordek se situait à mi-chemin entre l'A.E.L.E. et la C.E.E. actuelle et posait un jalon important dans une intégration économique plus poussée des pays nordiques. Nous avons signalé plus haut certaines causes externes de cet échec de Nordek en 1970, auxquels s'ajoutent des facteurs d'ordre interne. Pour le moment contentons-nous d'enregistrer un double constat, d'abord l'échec d'une tentative d'intégration économique plus poussée, et deuxièmement, comme corollaire presque, l'intégration du Danemark au sein de la Communauté économique européenne. On peut toujours objecter que le Danemark servira de tête de pont sur le continent européen au profit des pays nordiques mais ajouté à et cumulé avec l'échec du système de défense intégré et la faillite de Nordek, ce virage du Danemark peut difficilement être interprété positivement dans une perspective d'intégration économique nordique.

Mais encore une fois, pour comprendre ce comportement et celui d'autres pays nordiques désireux de nouer au moins un certain nombre d'accords privilégiés avec la C.E.E., il faut se faire une idée plus précise de ce que représente cette force centrifuge par rapport à l'intégration économique nordique. Ainsi une étude faite à partir des «Yearbooks of Nordic Statistics» devrait nous permettre d'établir un premier bilan des exportations et importations des pays nordiques entre eux et voir par opposition quelle est la part de la C.E.E. élargie dans ce commerce.

Le diagramme ci-contre[11] montre que pour 1975 le commerce internordique ne compte que pour environ 25% de l'ensemble du

---

11. Voir Yearbook of Nordic Statistics, publié chaque année par Nordiska Radet à Stockholm.

Commerce actuel des pays nordiques par région
(y compris le commerce intra-nordique)

Importations 46 144   Unités : $1,000,000

Reste du monde 7 727   AELE 10 127

Europe de l'Est
3 514

É.-U., Canada
3 236

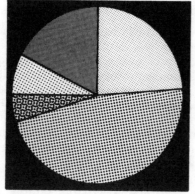

CEE 21 450

Exportations 39,077

Reste du monde 6 962   AELE 9 227

Europe de l'Est
2 993

É.-U., Canada
2 524

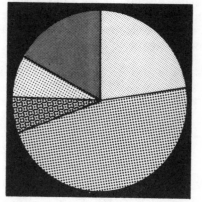

CEE 17 371

commerce de ces cinq pays. On y constate la part considérable attribuée à la C.E.E. Mais il faudrait retracer l'évolution sur une période de temps suffisamment longue pour effectuer une démonstration valable, confirmant ou non ce que nous avons dit sur la nature, la direction et l'intensité de ce commerce (étude en cours dans le cadre de cette recherche). Le même travail doit être effectué en ce qui concerne d'autres données d'ordre économique telles que notamment la situation des investissements et leur localisation.

Si nous nous basons sur les données actuelles connues, confirmées par nos entretiens sur place, il ressort que l'intégration des pays nordiques s'effectue beaucoup moins sur le plan strictement économique que dans d'autres domaines sur lesquels nous nous étendrons dans la troisième partie (certains de ces domaines sont cependant plus ou moins reliés à l'économique, au sens large du terme). Étant donné les limites d'ordre politique et économique mentionnées plus haut, on observe donc une sorte de réaction et de compensation permettant de tendre vers un meilleur équilibre des forces extérieures (centrifuges) et des forces internes (centripèdes). Mais la forme d'intégration que nous observons ici, même si elle n'est pas avant tout d'ordre économique à ce stade-ci, développe à la longue un outil produisant des retombées économiques tangibles, ne fût-ce que par l'effort de rationalisation de la productivité qu'elle entraîne. Voir plus loin l'impact considérable provoqué par l'harmonisation de la législation sociale, la coopération en matière de politique sociale et culturelle, la politique dans le domaine des communications, etc [12]. Tout ceci ressort des chapitres consacrés aux réalisations actuelles mais il convenait au préalable de les situer par rapport à un cadre international beaucoup plus contraignant qu'on ne le penserait à première vue.

---

12. Voir notamment les rapports publiés par le Conseil nordique concernant les organismes de coopération et surtout les propositions et réalisations.
   Ces rapports sont publiés dans une des langues «nordiques», surtout en suédois. Les plus importants font l'objet d'une traduction et d'une adaptation en anglais et dans une mesure moindre, en français.

III. Facteurs internes
d'intégration et de désintégration

Dans ses écrits, Frantz Wendt[13] a souligné plusieurs fois le fait que les étrangers ne connaissent pas ou sous-estiment les résultats de la coopération internordique et que, par contre, on a partout tendance à exagérer l'homogénéité des cinq pays nordiques au point d'en faire un mythe.

Dans ce chapitre nous nous contenterons de mettre en relief quelques éléments de base, dans le but de mieux faire comprendre la continuité, voire la logique de certains comportements actuels qui, à première vue, pourraient nous apparaître anachroniques, irrationnels ou même contradictoires. Dans le chapitre II, en faisant appel à des facteurs d'ordre psychologique modelés dans le passé, nous avons vu comment, combinés à des facteurs d'ordre économique défavorables, ils pouvaient produire des effets cumulatifs négatifs. La difficulté principale dans une analyse de ce genre, ce n'est pas d'aligner les uns après les autres toute une série de facteurs. Le véritable problème consiste à en tracer une vue d'ensemble, dynamique et articulée, en soulignant leur niveau et leur degré d'interdépendance (quand l'opération s'avère possible ou susceptible de donner des résultats plausibles).

1. Facteur culturel

Il y a une certaine unité structurelle en ce qui concerne les langues scandinaves, ne fût-ce que par leur appartenance au

---

13. Voir notamment F. Wendt, The Nordic Council and Cooperation in Scandinavia, Copenhague, Munksgaard, 1959, (ouvrage faisant l'objet d'une révision).

groupe des langues germaniques. Plus haut, nous avons signalé les différences fondamentales que l'on retrouve entre le suédois et le danois, entre le norvégien traditionnel et le norvégien influencé par le danois[14]. Mentionnons également qu'il n'est pas toujours facile pour les autres scandinaves de comprendre l'islandais, langue ayant gardé une grande partie de sa pureté originelle et qui remonte aux temps des sagas. Mais le principal obstacle à l'intégration linguistique réside en Finlande où le finlandais parlé par la majorité des citoyens est incompréhensible pour les autres partenaires nordiques. Le finlandais se rattache à un autre groupe linguistique (d'origine asiatique) et connaît une diffusion extrêmement limitée, contrairement au suédois, langue seconde dans plusieurs pays nordiques et souvent connue des élites nordiques. Entre ces deux moyens d'expression il y a une différence de statut considérable qui risque, encore de nos jours, de provoquer des conflits plus ou moins larvés, surtout lorsqu'ils se combinent à des facteurs d'ordre économique et politique.

Abstraction faite du cas finlandais, dans les contacts internordiques, où en général chacun parle sa propre langue, on réussit plus ou moins bien à se faire comprendre sans devoir recourir à la traduction simultanée. Ceci constitue un élément positif qui permet en même temps de sauvegarder les «identités nationales» respectives, sauf donc, en ce qui concerne les Finlandais, «marginalisés» par rapport aux quatre autres partenaires.

Par contre, pour les échanges avec l'extérieur, l'anglais sert de langue commune bien que la place du français et de l'allemand soit loin d'être négligeable.

Le faible rayonnement de ces langues nordiques (même du suédois) se constate surtout au niveau des publications de livres et des traductions[15]. Malgré les encouragements officiels et les subsides, les Nordiques lisent peu d'ouvrages rédigés ou traduits dans une langue nordique autre que celle parlée dans leur propre pays. Par contre, la moitié environ des ouvrages étrangers qui ont fait l'objet d'une traduction en langue nordique ont été, à l'origine, publiés en anglais. Dans ce domaine, le russe occupe une place

---

14. E. Hangen, Language Conflict and Language Planning: the Case of Modern Norwegian. Cambridge, Harvard University Press, 1966.
15. Voir Yearbook of Nordic Statistics, *op. cit.*, 1976, p. 294.

étonnamment faible, même en Finlande où les traductions d'ouvrages français sont deux fois plus nombreuses (actuellement encore) que les traductions du russe.

Le français et l'allemand, bien que fort distancés par l'anglais, gardent encore une place importante, surtout au Danemark et en Suède.

Si nous nous attardons sur ces données, c'est pour montrer à quel degré finalement tous ces petits pays sont ouverts sur l'extérieur et obligés de parler une ou plusieurs langues et en même temps de maintenir un réseau de communications sans lequel ils seraient rapidement isolés et étouffés. En l'occurrence, les considérations d'ordre «culturel nationaliste» subissent l'influence des impératifs économiques, sans pour autant menacer la survie des langues locales. Soulignons enfin une autre composante de la culture nordique dans son ensemble : le luthéranisme.

Max Weber et André Siegfried ont souligné l'importance du facteur religieux en tant que composante de la culture, non sans quelque exagération parfois, notamment lorsqu'on oppose le calvinisme au luthéranisme considérant celui-ci avec une certaine suspicion, comme un obstacle à la démocratisation, ce que contrediraient beaucoup de Nordiques luthériens. Rappelons que le catholicisme n'a été introduit en Scandinavie qu'à la fin de la «période Viking», au XIIe siècle. N'ayant jamais été implanté solidement, il n'a pas résisté à la Réforme et s'est écroulé surtout au profit du luthéranisme. Sur le plan culturel, cette religion protestante et les valeurs véhiculées par elle ont donc servi de base à un certain nombre d'affinités communes, transcendant ainsi les particularités locales. Phénomène d'intégration fort important pour un pays de la «périphérie-est» comme la Finlande, que le luthéranisme aura permis de distinguer de son voisin russe de religion orthodoxe. L'attrait commun du monde anglo-saxon protestant pourrait s'expliquer aussi en partie par cette communauté de culture religieuse. Mais il serait hasardeux de s'engager trop dans cette voie surtout si l'on commence à faire des distinctions entre les différentes Églises et sectes protestantes.

En résumé, le luthéranisme constitue dans l'ensemble un facteur positif d'intégration, surtout à l'époque des guerres de religion mais de nos jours il a cessé de dominer les institutions sociales et il est extrêmement difficile d'en évaluer les reliquats.

2. *Facteur socio-politique*

Répartis en deux républiques et trois monarchies constitu-
tionnelles, ces cinq pays ont en commun un attachement profond
aux valeurs et au système démocratique occidentaux[16]. Le parle-
mentarisme britannique y a servi de modèle commun avec des
adaptations diverses, débouchant finalement sur une social-
démocratie caractérisée surtout par un ensemble de lois sociales
extrêmement développées. La collectivisation des moyens de production et de distribution n'est guère l'objectif de ces pays, pays
prudents, pragmatiques et étroitement imbriqués, qu'ils le veuillent
ou pas, dans un système économique ne tolérant pas une manœuvre trop radicale dans ce domaine. La social-démocratie des pays
nordiques a donc une base commune, fort large au point de vue
de ses conceptions et de ses réalisations, mais les différences qui
l'opposaient à l'Europe continentale tendent à s'atténuer, le modèle nordique continuant cependant de subsister comme une entité
politique bien distincte.

Soulignons un autre facteur d'intégration: les nombreuses
réunions interparlementaires et les congrès de partis politiques
tenus à l'échelon nordique ont contribué à réduire les différences
entre les différents systèmes politico-sociaux.

Ainsi, peu après sa séparation de la Suède, la Norvège a
coopéré très activement aux relations nordiques et on a pu fonder
l'Union interparlementaire nordique, jalon important dans le processus d'intégration politique. Parallèlement à ces échanges politiques, on voit se développer, depuis le siècle dernier surtout,
une foule de contacts avec l'intervention d'autorités locales publiques, auxquels se superposent les contacts officiels de gouvernement à gouvernement et ceux presque quotidiens de bureau
à bureau, sans passer par la voie hiérarchique et encore moins par
la voie diplomatique, comme ce serait le cas dans la plupart des
pays, même dans les États fédéraux soi-disant décentralisés où
l'on exige toujours que les provinces se placent sous «l'ombrelle»
du gouvernement fédéral pour transiger avec l'extérieur. Transcendant également les frontières des pays, il existe une profusion

---

16. G. Heckscher, Démocratie efficace, l'expérience politique et sociale des pays
     scandinaves, Paris, Presses Universitaires de France, 1957.
     R. Fusilier, Les pays nordiques, Paris, Librairie générale de droit et de
     jurisprudence, 1965.

d'organismes privés de contact nordique dans quasi tous les domaines de la vie sociale (scolaire, professionnelle, artistique, religieuse, agricole, industrielle, coopérative, etc). Les Norden, notamment, ont comme objectif officiel d'intensifier les contacts culturels et économiques entre les cinq pays exclusivement, de préparer des programmes d'information sur la coopération nordique et de mieux faire connaître les pays nordiques. Ces associations gardent une structure nationale mais forment une ligue nordique, sorte de vaste confédération de toutes les régions, même les plus éloignées.

Leur influence, tout en étant diffuse et difficile à apprécier, est considérée comme primordiale. Les Norden constituent un groupe de pression fortement structuré, interétatique et transcendent souvent les intérêts de classe et de région pour réellement se concentrer sur les objectifs précités.

En résumé, tous ces types de développement de communications coïncident largement avec quatre conditions fondamentales requises pour une intégration positive (selon K. Deutsch):
— disposer de canaux de communication sociale transcendant les frontières des pays à intégrer et au-dessus des principales strates sociales;
— développer une élite soucieuse de former un plus grand tout commun;
— augmenter la quantité et la qualité du flot de communications et de «transactions» mutuelles;
— accroître le degré de compatibilité mutuelle des principales valeurs significatives pour le comportement politique.

À cela s'ajoutent les effets matériels escomptés quand il s'agit de groupements à caractère plus spécifiquement économiques telles que les organisations professionnelles, patronales, syndicales, etc.

En conclusion, ce réseau extrêmement dense de communications mutuelles sert d'infrastructure aux institutions politiques officielles communes, plus visibles pour l'étranger mais souvent moins efficaces et moins enracinées dans le quotidien et le concret.

3. *Facteur économique*

Au paragraphe consacré au facteur économique externe, nous avons signalé qu'environ seulement un quart du commerce des pays nordiques se faisait entre eux, les trois quarts étant absorbés par l'étranger et surtout par la Communauté économique européenne. Cet élément, à lui seul, démontre l'extrême dépendance de l'économie de ces pays dont le marché commun est insuffisant pour écouler une production de plus en plus spécialisée et en même temps pour acquérir un certain nombre de matières premières et de produits manufacturés qu'aucun de ces pays ne peut produire en quantité suffisante. Mais tous les pays nordiques ne sont pas affectés au même degré par cette situation et si nous retournons sur la scène internordique cette fois, on y retrouve à une autre échelle un autre type de déséquilibre, celui des disparités économiques régionales. On connaît relativement bien à l'étranger le rôle dominant joué par la Suède, parfois aux dépens d'une périphérie moins industrialisée (voir certaines récriminations norvégiennes et finlandaises).

De fait, malgré les progrès récents enregistrés surtout en Norvège avec le développement de son industrie pétro-chimique, on observe encore plusieurs disparités assez nettes. Ces dernières ont d'ailleurs été une des causes de l'échec d'intégration économique plus poussée (Nordek), la Norvège craignant notamment d'y perdre, à la fois pour son agriculture fortement protégée et son industrie naissante encore faible par rapport au complexe industriel suédois[17].

Pour faire une démonstration précise, il faudrait évidemment analyser et comparer un certain nombre d'indicateurs de base, voir la production par secteur (difficile à faire pour le secteur tertiaire d'ailleurs très développé dans les trois pays centraux) et par branche, etc. Pour donner une idée des difficultés rencontrées, signalons que les statistiques n'utilisent pas les mêmes critères, ce qui rend parfois compliqué les comparaisons des P.N.B. par habitant, par exemple. Malgré toutes ces lacunes, on peut cependant avancer les données suivantes: la Suède et l'Islande représentent les deux extrêmes en terme de richesse par habitant, le P.N.B. par habitant de la Suède étant à certains moments le double de celui de l'Islande. La Finlande et l'Islande font, encore à l'heure actuelle, figure de parents pauvres alors que les développements récents intervenus en Norvège placent celle-ci dans une meilleure position, dans le peloton intermédiaire, après le Danemark et la Suède.

17. Pour une perspective historique du développement industriel norvégien, voir notamment, S. Lieberman, The Industrialization of Norway, 1800-1920, Oslo, Universitetsforlaget, 1970.

La Suède demeure donc le noyau principal de l'intégration économique. C'est elle qui profite le plus du commerce internordique. Le diagramme page 50[18] est particulièrement suggestif à cet égard mais il serait intéressant d'avoir des chiffres permettant de retracer l'évolution au cours des vingt dernières années, (étude en cours avec l'aide du Conseil nordique). Cette situation privilégiée découle de plusieurs facteurs : population supérieure, étendue de ses ressources (minières et même agricoles), qualité exceptionnelle de sa main-d'œuvre, réseau de communications humaines extrêmement dense à travers le monde entier, dimension et haute technicité de ses industries de pointe, position géographique, etc.

Cette force d'attraction se trouve dans les taux d'émigration des autres pays nordiques (voir notamment le cas finlandais et le problème posé aux deux pays par cette situation) vers la Suède. Ceci peut être considéré parfois comme une sorte de déséquilibre, surtout pour les pays vidés d'une partie de leur substance, la Suède, quant à elle, ne connaissant pas encore de véritable problème de chômage. D'une façon générale, la disparité économique étant aggravée par le degré de dépendance des pays nordiques à l'égard de l'extérieur, on peut donc s'attendre à ce qu'ils tentent de diminuer les écarts existants entre eux mais en même temps, qu'ils manifestent plus de cohésion afin d'aborder les problèmes de la dépendance économique avec plus de force que si on les aborde isolément ou en ordre dispersé.

Mais ici on se heurte à une limite signalée antérieurement : aucun des pays nordiques n'est disposé à abandonner sa «souveraineté nationale» au profit d'un autre État pouvant assurer le leadership ou même au profit d'une autorité régionale supranationale et ce, quels que soient les avantages économiques que pareille concession pourrait entraîner.

En pratique, chacun de ces États dispose donc de plusieurs cartes, qu'on joue à différents moments et à différents niveaux, parfois successivement, parfois simultanément. À un moment, on mettra l'accent sur la coopération dans le cadre de l'A.E.L.E., ensuite, on tentera d'obtenir des accords particuliers avec la C.E.E. ou même on ira jusqu'à y entrer à part entière mais, fait constant, la coopération nordique, quelles que soient ses fluctuations, reste une base de repli, un moyen de préserver un minimum d'identité nationale, face aux grands blocs économiques voisins.

Commerce intra-nordique : valeurs actuelles des exportations
(en millions de dollars É.-U.)

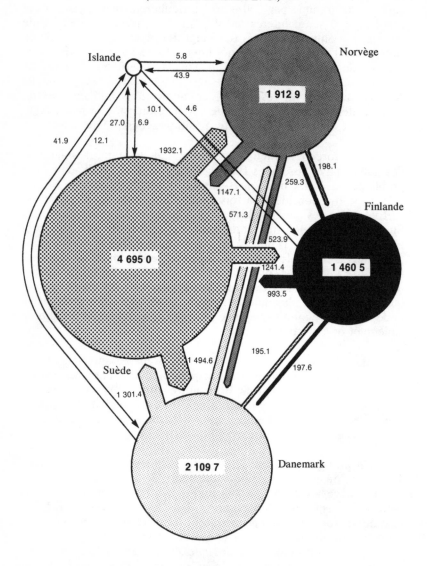

18.   Sources : Nordisk Statistik Arsbok, vol. 15, Nordiska Statistika Sekretariatet, Stockholm, 1977, p. 185.

4. Transition et conclusions provisoires

Avant de passer aux réalisations, il faudrait voir quels sont les mécanismes et articulations de cette coopération. Dans une seconde partie, nous étudierons donc le fonctionnement des institutions communes mises en place dans le cadre du Conseil nordique et tenterons d'en faire l'évaluation. Mais les éléments repris dans la première partie nous permettent déjà d'en pressentir les limites, en raison de leur insertion dans un cadre beaucoup plus vaste dont on ne peut saisir la véritable dynamique sans un appel constant aux facteurs d'intégration qu'ils soient jugés positifs ou non. Vu dans une telle perspective, le Conseil nordique ne représente qu'une superstructure dont la légèreté paraît encore plus prononcée lorsqu'on le compare avec les institutions mises en place dans le cadre du Marché commun européen.

Dans la troisième partie, nous établirons un bilan provisoire de l'intégration des pays nordiques dans les domaines suivants, regroupés sous une forme plus opérationnelle:

1. intégration législative, particulièrement en droit civil, commercial et pénal;

2. intégration des politiques sociales, accords sur la sécurité sociale et le marché du travail;

3. intégration des communications, transports routiers (code), ferroviaires (tarif), aérien (S.A.S.), union postale, télex, téléphone;

4. coopération commerciale, à voir parallèlement avec la C.E.E. et l'A.E.L.E.;

5. coopération industrielle, Fonds nordique de Développement technologique et industriel (1972) et concertation en matière d'énergie (pétrole, électricité, centrales atomiques);

6. coopération en matière d'investissements, voir Banque nordique d'Investissement (1975) finançant certaines exportations et fournitures d'énergie;

7. coopération en développement régional, notamment dans la région arctique, les zones limitrophes (Suède-Norvège, Suède-Finlande) et surtout le projet Öresund (Danemark-Suède);

8. la coopération est faible ou nulle dans plusieurs domaines importants. Ainsi il n'y a pas de monnaie commune et on n'a pas de politique conjoncturelle dans ces pays soi-disant modèles de planification;

9. intégration culturelle, qui englobe les échanges culturels, l'en-
    seignement, la recherche, avec leurs retombées économiques.

* * *

Au terme de ce premier survol, on est frappé par le nombre
de ressemblances existant entre ces pays et le Canada, surtout
si on considère les provinces séparément. À l'échelon nordique,
le Québec, par exemple, serait un État jouissant d'un potentiel
humain et économique nettement supérieur à chacun des États
nordiques, exception faite jusqu'ici de la Suède.

On y est confronté avec le même grand problème de la dépendance économique face à des voisins beaucoup plus puissants et
on y observe le même souci de diversifier les échanges commerciaux et les sources d'investissement.

On y enregistre un certain nombre de disparités économiques mais dont le caractère n'est pas plus accentué qu'en ce qui
a trait à l'Ontario par rapport aux Maritimes, le Québec occupant
actuellement une position un peu analogue à la Norvège vis-à-vis
de la Suède mais avec des possibilités à long terme supérieures
à celles de la Norvège, voire même de la Suède.

Dans l'ensemble, le niveau de vie y est également élevé
malgré des conditions climatiques difficiles. Les particularités culturelles du Québec par rapport au reste du Canada sont plus
marquées que celles qui caractérisent chacun des pays nordiques,
exception faite cependant de la Finlande. Dans les deux cas, nordique et canadien, le passé a engendré des ressentiments et des
complexes qui semblent cependant atténués en Scandinavie surtout
depuis l'accession à l'indépendance de la Norvège.

Quant aux institutions politiques de ces cinq pays et des provinces canadiennes, elles ont des bases communes engendrées par
un passé parlementaire, en général relativement long et fortement
influencé par une culture occidentale commune.

Autre point présentant quelque analogie avec le Québec
moderne, ces États sont particulièrement soucieux de maintenir
une autonomie chèrement acquise et ne désirent pas aller jusqu'à
une intégration (ou une réintégration) politique du type amalgamé
(gouvernement commun supranational).

La plus grande différence qui les oppose au Canada actuel, c'est précisément qu'ils ont rejeté définitivement toute forme de gouvernement central au-dessus des États, pour se diriger vers des formes d'intégration souples, pragmatiques et efficaces, permettant de respecter scrupuleusement la souveraineté de chaque État membre. À vrai dire, il semble que ce soit là la seule véritable confédération moderne qui ait jamais fonctionné.

Cette expérience représente un modèle intéressant, également en raison de ses dimensions à une échelle plus humaine et parce qu'elle permet d'intégrer quelques petits pays vivant dans des conditions politiques et sociales exemplaires au point de vue démocratique. Ces pays ont réussi jusqu'ici à maintenir leur identité et leur personnalité propre malgré les menaces constantes d'absorption que représentent leurs voisins du Sud et de l'Est.

Dans le Canada actuel, l'un des principaux obstacles à une réalisation de ce genre réside dans le fait que le gouvernement central et son appareil bureaucratique sont structurellement incapables de se dessaisir d'une partie substantielle de leurs pouvoirs au profit des provinces.

Il est vrai que dans le cas nordique on a renoncé à une telle forme de gouvernement et de plus les pays tels que la Finlande, et surtout la Norvège, n'ont commencé à collaborer réellement qu'après avoir assumé leur indépendance politique, étant ainsi acceptées comme des partenaires égaux et gardant leur pouvoir de décision.

C'est ce que nous essayerons de montrer dans la partie suivante.

TABLEAU DE DONNÉES COMPARATIVES: NIVEAU ET QUALITÉ DE VIE

Les dernières statistiques de l'O.N.U. et de la Banque mondiale nous révèlent ce qui suit au sujet d'un peu plus de 150 pays couverts par ces organisations.

Rang	Pays	Produit national brut par habitant	Population (chiffre arrondi) en millions	Langues officielles principales
1.	Suisse	$8.880	6	allemand, français
2.	*Suède	8,670	8	suédois
3.	États-Unis	8,670	212	anglais
4.	Canada	7,520	22	anglais, français
5.	*Danemark	7,450	5	danois
6.	*Norvège	7,420	4	norvégien
7.	Allemagne (ouest)	7,380	62	allemand
8.	Belgique	6,780	10	français, néerlandais
9.	France	6,550	53	français
10.	Pays-Bas	6,200	13	néerlandais

Loin derrière ce groupe de pays on retrouve notamment:

Pays	PNB	Population	
Japon	4,910	109	
Grande-Bretagne	4,020	56	
Italie	3,050	55	
U.R.S.S.	2,760	250	
Brézil	1,140	102	
Chine	410	880	
Nigéria	380	60	
Inde	150	580	
Zaire	140	24	

On constate que parmi les 6 pays les plus riches du monde on retrouve trois pays nordiques*, avec une population variant entre 4 et 8 millions d'habitants, moyenne équivalente à celle de la Suisse (6 millions).

De plus, une qualité de vie exceptionnellement haute caractérise également ces derniers. Le «Physical Quality of Life Index» de l'Overseas Development Council (Washington) les place à nouveau en tête dans ce domaine et y ajoute la Finlande et l'Islande.

Quant aux systèmes politiques, on constate sans surprise que tous les pays nordiques sont classés parmi les plus démocratisés au monde. Le «Political Freedom Index» (Manhattan Freedom House, New York) leur accorde même la cote maximum (le Chili et l'Uruguay, par exemple, n'obtiennent que 17 sur 100). Ces évaluations sont confirmées par d'autres sources utilisant des indicateurs divers.

Ces données s'appliquent également respectivement à la Suisse, la Belgique, le Luxembourg et les Pays Bas.

Sources pour renseignements complémentaires

A) *Périodiques spécialisés*
Annuaire de l'Office international du travail
Annuaire statistique de l'O.N.U.
Atlas de la Banque mondiale
Bulletin du Fonds monétaire international (mensuel)
Bulletin mensuel de statistique de l'O.N.U.
Capital international Perspectives (mensuel)
Communautés européennes (mensuel)
F.A.O., Annuaire de la production
F.A.O., Bulletin mensuel
INSEE, Économie et statistiques
OCDE, Principaux indicateurs économiques (mensuel)
World Metal-Statistics (mensuel)

B) *Autres périodiques*
Fortune, mai 1977
Le Nouvel Économiste, 6/6/1977
Le Nouvel Observateur, faits et chiffres 1977 (hors-série)
Les 5000 entreprises, no. 1977
Time, A special report, 13/3/1978.

Deuxième partie

Structures politiques communes

Comme on l'a signalé plus haut, la coopération nordique s'effectue dans de multiples domaines et à différents niveaux, tant dans le secteur privé que dans le secteur public.

Or, au niveau des gouvernements centraux nationaux, bien avant la création du Conseil nordique en 1952, il y avait un nombre croissant de relations entre les différents départements, bureaux et agences gouvernementales des pays respectifs. Le tout constituait déjà un réseau extrêmement dense qui n'a cessé de se développer jusqu'à nos jours.

Le Conseil nordique ne représente donc qu'un jalon supplémentaire dans une évolution où, parmi les constantes, on observe le souci de coopérer toujours plus intensivement mais en même temps également, la volonté de respecter la souveraineté nationale de chaque État. Cette seconde constante explique, en partie, pourquoi les structures centrales du Conseil nordique sont si peu étoffées au point de vue bureaucratique et pourquoi finalement ses pouvoirs sont très limités si on les compare avec ceux d'un gouvernement moderne dans un État fonctionnant normalement.

De fait, tout élément de coercition en est exclu, le principe de la supranationalité de ces structures étant catégoriquement rejeté.

On serait tenté d'y voir quelques analogies avec la Confédération des 13 États créée en 1776 lors de la Déclaration d'indépendance des États-Unis, ratifiée en 1781 et en vigueur jusqu'en 1789. D'un point de vue légal cependant, il y a une énorme différence au départ car la Déclaration d'indépendance crée une seule Nation, même si en pratique le Congrès unicaméral est complètement à la merci de chacun des 13 États membres. Chaque État, via ses délégués (entre deux et sept) ayant une voix et un droit de veto, garde cependant, ici aussi, son entière souveraineté, ce qui est d'ailleurs la caractéristique d'une véritable confédération d'États.

Au départ, le Conseil nordique semble n'être qu'un organe consultatif (en réalité il est beaucoup plus que cela) au service des parlements des États nordiques. Régi par le traité d'Helsinki (signé en 1962 et légèrement modifié en 1971 et 1974), il a pour objectif de traiter des problèmes relatifs à la coopération entre les États nordiques en matière économique, juridique, sociale, culturelle et dans les domaines des transports, communications et environnement. Ces matières sont traitées à la suite des propositions émanant des membres du Conseil nordique ou à la suite de suggestions des gouvernements nationaux par le biais du Conseil nordique des Ministres (C.N.M.).

Le Conseil nordique (C.N.) s'exprime par voie de recommandations dans le cadre de sessions annuelles mais, au cours de celles-ci, il peut également formuler des déclarations d'opinion ou avis.

Ses recommandations ont beaucoup d'importance, comme nous le verrons dans les deux chapitres suivants, en raison du poids politique qu'elles comportent et aussi à cause de leur caractère pragmatique, applicable donc efficace.

Ces recommandations concrètes, débouchant sur des réalisations d'une ampleur variable certes, et se succédant les unes aux autres avec des effets cumulatifs, constituent donc autre chose que de simples vœux ou déclarations d'intention tels qu'on en enregistre dans beaucoup d'organisations internationales. Mais encore une fois ces recommandations et avis ne revêtent pas en eux-mêmes un caractère obligatoire. D'autre part, si les États membres se sentent obligés, il y a là un élément de pression qui permet d'atteindre des résultats là où la coercition, telle que nous la connaissons habituellement, n'aboutirait pas. Ceci, encore une fois, nous oblige à retourner à l'infrastructure précitée, pour voir précisément pourquoi et dans quelle mesure les États membres se sentiront obligés d'agir dans certains domaines et à certains moments. Le C.N. et ses composantes ne peuvent pas être perçus d'une façon rationnelle si on ne les replace pas constamment dans cette perspective dynamique, car qui dit infrastructure dit mouvement et interdépendance continuels.

Nous consacrerons le premier chapitre de cette deuxième partie à ce que l'on pourrait appeler le Congrès unicaméral par analogie avec la Confédération des États-Unis (1776-1789) ou l'assemblée plénière, réservant ainsi le chapitre suivant pour ce qui pourrait provisoirement être intitulé l'Exécutif du Conseil nordique mais dont l'appellation officielle est: Conseil nordique des Ministres.

I. Assemblée du Conseil nordique

L'organigramme récapitulatif no 3, nous permet de situer l'Assemblée plénière par rapport au C.N.M. qui lui est subordonné, du moins en droit. On y constate à quel point elle travaille en étroite collaboration avec ce dernier tout en étant l'émanation la plus exacte possible des parlements respectifs de chacun des cinq pays nordiques. Voir au préalable les organigrammes no 1 et no 2 décrivant les deux parties du C.N. séparément.

1. Organisation

L'Assemblée du C.N. constitue un parlement de 78 membres, élus annuellement par chacun des parlements nationaux (y compris les représentants de l'Assemblée législative des îles Faeroe pour le Danemark et de l'Assemblée législative des îles Aland pour la Finlande).

Cette assemblée comporte également les représentants les plus importants des gouvernements nationaux, en tout entre cinquante et soixante ministres et hauts fonctionnaires. Ces représentants des exécutifs nationaux n'ont cependant pas de droit de vote à l'Assemblée. Ils siègent à titre consultatif mais ceci s'avère fort important pour la qualité des recommandations du C.N., puisque ce sont ces ministres et ces fonctionnaires qui sont souvent à l'origine de ces recommandations et qui, en outre, seront chargés de les appliquer éventuellement.

Les représentants des gouvernements nationaux soumettent d'ailleurs, également au cours de la session, un rapport sur la façon dont ils ont tenu compte des recommandations. Ceci permet au Conseil nordique d'effectuer un contrôle et en même temps de renforcer ses moyens de pression à l'égard des gouvernements natio-

Organigramme no 1

CONSEIL NORDIQUE : ASSEMBLÉE PLÉNIÈRE

PARLEMENT DANOIS + Faeroe	PARLEMENT FINLANDAIS + Aland	PARLEMENT SUÉDOIS	PARLEMENT NORVÉGIEN	PARLEMENT ISLANDAIS
16 + 2 Députés Délégués du G^t.	17 + 1 Députés Délégués du G^t.	18 Députés Délégués du G^t.	18 Députés Délégués du G^t.	6 Députés Délégués du G^t.

PRÉSI-DIUM
5

ASSEMBLÉE

78 DÉPUTÉS élus par les Parlements

± 55 MINISTRES délégués des Gouvernements

Commissions

Budget	Information
10	10

COMMISSIONS PERMANENTES

juridique	social	communications	économique	culturel
13	13	13	22	17

Mise à jour et adaptation à partir de données fournies en juin 1977 au Secrétariat du Présidium du Conseil nordique à Stockholm.

naux, une fois que leurs députés ont voté la recommandation à l'Assemblée du Conseil nordique.

Ce «feed-back» représente l'articulation principale de cette pression, du moins à ce niveau-ci; il permet des progrès à la fois plus systématiques et plus sensibles parce que plus suivis.

Autre élément qui confère encore plus de poids politique à cette Assemblée: les délégations nationales (députés) doivent refléter l'importance des effectifs de tous les partis politiques (y compris évidemment les partis d'opposition) de chaque parlement national.

Notons enfin que pour respecter le «principe de l'égalité entre les États», ces assemblées plénières se tiennent à tour de rôle dans chacune des cinq capitales, à raison de deux sessions annuelles d'environ cinq jours chacune. Les deux sessions annuelles (au lieu d'une) sont devenues la règle depuis 1973. À ces dernières dites régulières, peuvent s'ajouter des réunions exceptionnelles convoquées selon une procédure qui requiert l'accord des cinq délégations.

2. Le Présidium

Le Présidium, élu à l'Assemblée plénière pour un an, comporte un président (normalement le responsable de la délégation nationale du pays où a lieu la plénière) et quatre vice-présidents (le chef de chacune des quatre autres délégations nationales).

Le Présidium traite des affaires courantes entre les sessions et se réunit entre 6 et 8 fois par an, il a pour mission également de suivre l'application des recommandations et de préparer les sessions.

Il entretient, par conséquent, de nombreux contacts avec les premiers ministres et surtout avec les ministres nationaux de «la Coopération nordique». Dans le cadre de ses relations (plus institutionnalisées) avec les commissions permanentes de l'Assemblée du C.N., il reçoit les rapports de celles-ci et les inclut dans son rapport annuel pour l'Assemblée plénière.

Il est très difficile d'évaluer le rôle moteur de cette institution particulière par rapport à l'Assemblée élue d'une part et par rapport au C.N.M. d'autre part. Le moins qu'on puisse dire c'est que le Présidium ne constitue pas un organe suprême, ce que sa permanence relative et son titre pourraient faire croire. En réalité le Présidium constitue avant tout un organe de liaison supranational de nature collégiale et sans pouvoir de décision proprement dit.

3. Commissions de l'Assemblée

Comme dans tous les parlements et congrès fonctionnels, en vertu du principe de la division des tâches, l'Assemblée comporte des commissions permanentes et spéciales. Les commissions permanentes sont de loin les plus importantes en nombre et en qualité.

Les 78 membres de l'Assemblée sont répartis, après concertations préalables, dans cinq commissions permanentes qui se réunissent lors des sessions et en dehors de celles-ci, pour préparer les plénières avec le Présidium précité et les gouvernements des cinq pays membres.

Elles coïncident avec les cinq grands domaines de la coopération nordique tels que définis par le traité d'Helsinki:

Commission juridique: 13 membres
Commission culturelle: 17 membres
Commission de politique sociale: 13 membres
Commission des transports et des communications: 13 membres
Commission économique: 22 membres

La composition de ces commissions est conçue de façon à respecter, ici aussi, le principe de la représentation proportionnelle des différents partis au sein de chaque délégation nationale. Ceci peut parfois compliquer la tâche des gouvernements nationaux car, on le voit, en assurant une plus grande représentativité démocratique aux délégations, on risque de leur donner moins de cohésion, du moins à première vue. Le bon fonctionnement de ces commissions dépend donc, une fois de plus, du degré de consensus des différents partis nationaux en ce qui a trait à la coopération nordique. Le parti communiste, par exemple, peut différer nettement des partis conservateurs nationaux et également des sociaux-démocrates (généralement fort modérés), or ce système lui donne une tribune à laquelle il n'aurait pas accès autrement. Jusqu'ici il ne semble pas en avoir abusé.

Encore une fois, de même que dans la plupart des systèmes parlementaires occidentaux dont font également partie ces pays, la majeure partie du travail de préparation de décision se fait dans les commissions permanentes. Ces dernières font beaucoup appel aux experts et aux représentants des différents gouvernements nordiques et soumettent leurs rapports à l'Assemblée. Elles jouent donc également un rôle d'articulation à différents niveaux.

Quant à leur impact, il ne peut être apprécié qu'en fonction de leur domaine propre. Signalons dès maintenant que la Commission économique (la plus étoffée) a obtenu des résultats moindres que la Commission de la politique sociale et ce pour des raisons générales d'ordre structurel, déjà énoncées dans la première partie, que viendront confirmer vraisemblablement les réalisations concrètes analysées dans la troisième partie.

Signalons enfin l'existence de deux commissions spéciales de dix membres chacune. L'une, dite Commission d'information, chargée d'assister le Présidium dans les politiques d'information du Conseil nordique et l'autre toute récente (1975), la Commission du budget, affectée à des tâches particulières en liaison avec les budgets nordiques conjoints. Ces tâches sont fort limitées, car la plupart des dépenses entraînées par le fonctionnement du C.N. émergent au budget national de chaque pays (voir notamment comment fonctionnent les différents secrétariats).

S'il fallait juger du degré de collaboration nordique en fonction du budget attribué aux institutions politiques communes, le résultat serait trompeur. Ce qui nous montre, une fois de plus, combien il est important de bien choisir ses indicateurs, ces derniers n'ayant qu'une valeur très relative.

4. Secrétariats

Il existe trois sortes de secrétariats. En premier lieu, il y a le secrétariat permanent de chaque délégation, situé au siège des parlements respectifs. Ces secrétariats sont peu étoffés. Ainsi tout dernièrement le secrétariat de la délégation norvégienne ne comportait qu'un secrétaire général et un adjoint, la délégation suédoise disposant quant à elle d'un secrétariat de huit personnes (secrétaire général, trois adjoints, information, etc.) auxquelles il faut ajouter quelques sténodactylos.

Quant aux commissions permanentes de l'Assemblée, elles comportent chacune un secrétaire nommé par le Présidium et travaillant en collaboration avec ce dernier mais dans des capitales généralement différentes. Le secrétaire de ces commissions peut être un fonctionnaire permanent, soit d'un ministère national, soit du secrétariat de Présidium, soit même un membre du secrétariat d'une délégation nationale.

Il n'y a donc aucune espèce de centralisation géographique et aucune permanence dans ce type de secrétariat et ceci pose incontestablement un problème de communication et de liaison.

Il est la rançon de la non-institutionnalisation dans un domaine aussi élémentaire que celui du secrétariat.

On s'attendrait normalement qu'en compensation le Secrétariat du Présidium, élément plus permanent et plus stable, soit l'embryon d'un minimum de bureaucratie supranationale mais il n'en est rien.

Tout d'abord, le secrétaire du Présidium doit être d'une nationalité autre que celui du président du Présidium, or ce dernier change chaque année en vertu du principe de la rotation. D'où un premier élément d'instabilité dans le recrutement du personnel, pouvant entraîner des inconvénients au point de vue de la continuité du travail, surtout dans les phases de transition trop nombreuses par rapport à des périodes d'exercice très limitées.

De plus les cadres de ce secrétariat sont eux aussi fort réduits (un secrétaire, deux adjoints, deux responsables du service d'information, un chargé de publications, plus quelques autres personnes de moindre importance).

Fait intéressant à signaler cependant, le secrétaire est un fonctionnaire nordique (non national) payé à partir du budget communautaire du Conseil nordique. Il y a donc ici un élément de supranationalité encore très faible mais utile comme indicateur. Ce caractère est encore renforcé par l'étendue et la nature de son rôle à l'intérieur de l'ensemble des institutions politiques communes du Conseil nordique. Il y assure un rôle de liaison entre le Présidium et les délégations nationales, spécialement au niveau de leur secrétariat respectif et ensuite entre les secrétaires des commissions permanentes de l'Assemblée du Conseil nordique. À l'extérieur, ce rôle s'étend aux principaux responsables des gouvernements nationaux.

Mais encore une fois, le faible développement de ce secrétariat témoigne de l'emprise que garde chaque gouvernement national sur sa propre bureaucratie, limitant à leur plus simple expression les organes de liaison à vocation supranationale.

II. Conseil nordique des ministres (C.N.M.)

La coopération nordique, on le rappelle, s'est effectuée notamment dans le cadre souvent informel de nombreuses réunions ministérielles internordiques ou, ce que l'on pourrait appeler des conférences nordiques des ministres dont la caractéristique était leur absence d'institutionnalisation. Peu à peu cependant, effectuées sur une base plus régulière, elles réunissaient (et réunissent encore) les ministres des pays concernés en fonction des questions à traiter telles que: justice, affaires étrangères, éducation, questions sociales surtout, etc. Or, le C.N.M. (créé en 1971), appuyé par le Secrétariat nordique des ministres et les Comités intergouvernementaux (la majorité d'entre eux fonctionnant déjà avant cela), est venu apporter un minimum d'institutionnalisation (et de cadre par conséquent) aux nombreuses relations préexistantes. Et ceci représente une étape importante dans la structuration et la consolidation des dites relations.

L'organigramme no 2 précité (réduit à sa plus simple expression pour les fins d'un exposé de synthèse) ne comprend ni les institutions nordiques avec administration et budget séparés ni les comités spéciaux mentionnés dans le détail plus loin.

1. Composition et réunions

Le C.N.M. est parfois appelé en français Conseil des ministres des pays nordiques, pour bien préciser qu'il ne s'agit pas de ministres supranationaux. Ce conseil permanent mais qui ne se réunit qu'occasionnellement comporte, en premier lieu, les ministres chargés de la coopération nordique dans chaque pays. Ces derniers peuvent être en même temps titulaire d'un département tel que, par exemple, le département du Commerce ou des Affai-

Organigramme no 2

CONSEIL NORDIQUE DES MINISTRES

Ministres chargés de la coordination de la coopération internordique	Ministres de la Justice	Ministres des Finances, du Commerce, de l'Industrie. Ministres chargés des questions de politique régionale	Ministres du Travail, des Affaires sociales et de la Santé publique, de l'Environnement et de l'Environnement du Travail	Ministres des Transports et des Communications, du Tourisme et de la Consommation	Ministres des Affaires culturelles et de l'Éducation nationale
Comité des Suppléants	Comité de hauts fonctionnaires pour les questions juridiques	Comités de hauts fonctionnaires pour les questions de politique commerciale, monétaires et des finances, de politique régionale, de politique industrielle et énergétique, de coopération en matière de bâtiment	Comités de hauts fonctionnaires pour les questions de politique sociale, de marché de l'emploi, de protection de l'environnement, d'environnement du travail	Comités de hauts fonctionnaires pour les questions de consommation, de transports et de communications	Comité de hauts fonctionnaires pour les questions de coopération culturelle nordique
SECRÉTARIAT D'OSLO DU CONSEIL DE MINISTRES DES PAYS NORDIQUES					SECRÉTARIAT COPENHAGUE
Section de coordination — questions juridiques — budget — personnel — information — section des affaires administratives		Section des questions de coopération économique, de politique industrielle et énergétique, de politique régionale et de coopération en matière de bâtiment	Section des questions de coopération dans les domaines de la politique sociale et de la santé publique, du marché de l'emploi et de l'environnement	Section des questions de coopération dans les domaines des transports et des communications, du tourisme et de la consommation	Culture — enseignement — recherche — autres activités culturelles — section des affaires administratives

res étrangères. À ceux-ci s'ajoutent d'autres ministres en fonction des problèmes à traiter (éducation, affaires étrangères, etc). On les appelle «ministres spécialisés».

La présidence du C.N.M., tout comme celle du Présidium précité, est assumée en fonction du principe de la rotation. En l'occurrence ce sera un ministre du pays hôte de la session de l'Assemblée du C.N. qui présidera un C.N.M. composé, soit de ministres responsables de la coordination, soit de ministres spécialisés, ou encore de ces deux types de ministres conjointement.

Ainsi, la composition du C.N.M., formé pour une part de ministres chargés de la coopération, lui permet au cours d'une même année, de se réunir un ou plusieurs jours dans chacune des cinq capitales (environ une dizaine de jours au total). En outre ces mêmes ministres peuvent se réunir avec le Présidium et les présidents des Commissions du C.N. ou avec d'autres groupes de travail constitués par le Présidium.

Par contre, le C.N.M. dans le cadre de sa composition de ministres spécialisés tient des réunions un peu plus fréquentes dans les différentes capitales. Ces réunions regroupent séparément les ministres suivants, par exemple: ministres du Travail, de l'Industrie, de la Justice, des Affaires sociales, des Affaires culturelles et de l'Éducation, etc.

En dehors de ce cadre, les consultations gouvernementales se poursuivent au cours de réunions des différents ministres spécialisés, ces derniers tenant avec les Commissions du Conseil nordique des réunions communes qui peuvent s'élever jusqu'à dix pour une année.

2. Compétences et pouvoirs du C.N.M.

Son domaine comporte toute question d'intérêt nordique et plus haut nous avons souligné l'étendue et les limites de cette notion. En fait, le C.N.M. est le principal initiateur, préparateur et exécutant des politiques de coopération. Il sert en même temps (avec le Présidium) d'organe de liaison entre les différents gouvernements, départements, organes et comités intergouvernementaux et se trouve au centre des communications de toutes ces institutions à l'intérieur du Conseil nordique. En soi, à elle seule, cette position stratégique lui confère déjà beaucoup de pouvoir, ne fut-ce que par l'accès aux sources de renseignements qu'elle comporte. De plus, étant donné le pouvoir politique et les ressources dont disposent les délégués gouvernementaux (ils s'appuient sur l'infrastructure bureaucratique nationale), ils sont mieux placés que n'importe quel autre organisme national ou interrégional, pour prendre l'initiative à l'Assemblée plénière du Conseil nordique.

Et ici on retrouve, dans une certaine mesure, le même phénomène que dans les parlements de type occidental où l'initiative législative revient surtout aux dirigeants gouvernementaux même si (comme dans le cas des États-Unis) on parle de séparation de pouvoirs, ou plus simplement de séparation de fonctions. La différence principale réside ici dans le fait que le C.N. n'a qu'un pouvoir de recommandation, pouvoir indirect en ce qui concerne plus précisément le Conseil nordique des Ministres. En effet les ministres du C.N.M., tout en étant les principaux initiateurs de mesures, ne peuvent néanmoins pas les voter au C.N., puisque ce droit est réservé exclusivement aux députés délégués par les Parlements nationaux. En parlant du C.N., nous avons vu comment son Assemblée plénière contrôlait les mesures prises par les différents parlements et gouvernements nationaux à la suite des recommandations votées. Or, ce contrôle se réalise en partie sur la base de rapports annuels du C.N.M., comportant non seulement les plans de coopération future mais également les mesures prises par rapport aux recommandations formulées.

Ces considérations nous donnent déjà une première idée des pouvoirs réels du C.N.M. Pour plus de précisions, il s'avérera indispensable de consulter les rapports annuels des activités du C.N. dont on peut trouver un résumé sommaire dans l'Europa Year book (publié annuellement à Londres par l'Europa Publications Ltd). Dans une première partie, on y retrouvera les recommandations et avis du C.N. et dans une deuxième, beaucoup plus développée évidemment, s'y trouvent décrites les différentes réalisations. Cette deuxième partie est plus difficile à analyser et nécessite l'utilisation d'autres documents rédigés en langues scandinaves si l'on veut dépasser le stade des généralités. (Ce sera l'objet de la troisième partie de ce travail réalisé avec le concours du secrétariat du Présidium). Ceci dit, il n'en reste pas moins vrai qu'une première lecture de ces rapports et des résumés des conventions et accords de coopération conclus de 1954 à nos jours nous donne une vue d'ensemble des réalisations du C.N.M. et des pouvoirs de fait dont il dispose. Et ces derniers sortent du cadre juridique étroit où on pourrait les croire enfermés.

En résumé, d'un point de vue purement juridique, le C.N.M. n'a aucun pouvoir mais sur le plan de la réalité politique et «par la bande», comme on dit en termes sportifs, ses pouvoirs de fait se révèlent très importants.

C'est là une première hypothèse générale que nous formulons, à la suite de notre analyse des structures du C.N.M. et de sa position stratégique au centre d'un réseau de communications impliquant presque tous les domaines de la vie politique des États-nordiques.

3. Secrétariat du C.N.M.

Les tâches à remplir par le C.N.M. pourraient s'énoncer comme suit:
— d'abord une tâche très générale, à savoir: étendre le plus possible la coopération nordique;
— coordonner les travaux réalisés dans les différents domaines et aux différents niveaux;
— établir des ordres de priorité et prendre des décisions sur des points d'organisation;
— délibérer sur les questions soumises par les ministres.
Dans ce travail, le C.N.M. est aidé par un secrétariat et des comités, auxquels s'ajoutent de nombreux hauts fonctionnaires et experts des cinq pays nordiques.

Le secrétariat du C.N.M. a été créé récemment (1972); il était prévu dans le projet Nordek (marché commun) qui, on l'a rappelé, a échoué en 1971. Ce nouveau secrétariat peut être considéré comme un petit pas en avant vers ce minimum d'institutionnalisation souhaité par beaucoup. Organe gouvernemental à caractère permanent, il a comme caractéristique de comporter des fonctionnaires indépendants des administrations nationales et nommés par le conseil nordique des ministres.

Le Secrétariat du C.N.M. a son siège permanent à Oslo et il comporte les cadres suivants:

un secrétaire général et un secrétaire général adjoint;
un chef de service de l'information;
quatre chefs de sections réparties comme suit:

a) Section des questions de coordination: législation, budget, personnel, affaires administratives;

b) section économique, politique industrielle et énergétique, politique régionale et coopération en matière de construction;

c) section des questions de coopération dans les domaines de la politique sociale, de la santé publique, du marché de l'emploi et de l'environnement, domaines couverts par les conventions de 1954 et 1955;

d) section des communications et transports (convention de 1972). Sont regroupés ici: les problèmes du tourisme et de la consommation;

e) normalement on s'attendrait à voir ici la cinquième section, celle de la coopération culturelle mais elle a un secrétariat spécial.

Au secrétariat du C.N.M. à Oslo s'ajoute donc un secrétariat particulier, ayant son siège permanent à Copenhague, et qu'on pourrait appeler section de la Coopération culturelle nordique. Il comporte les cadres suivants: un directeur et quatre chefs de sections,

a) Section de l'enseignement

b) Section de la recherche

c) Section des autres activités culturelles

d) Section des affaires administratives.

Des dispositions particulières en ce qui concerne ce dernier secrétariat montrent l'importance attachée à ce domaine. Ce secrétariat dépend directement du C.N.M. au même titre que le secrétariat d'Oslo.

Le tout forme un appareil bureaucratique extrêmement léger et, on le répète, ce genre de développement ou plutôt d'approche de développement ne peut être considéré en soi comme l'indice d'une intégration nordique poussée.

4. Comités

Le terme comité prête à confusion car il existe un grand nombre de comités de toutes sortes. Certains sont provisoires, d'autres sont permanents. Mais il y a des comités permanents que l'on ne réunit pas et il y a des comités provisoires qui en fait deviennent permanents. Dans ces conditions, il s'avère très compliqué, même sur place, de procéder à une mise à jour complète.

Au départ, nous éliminons ici les comités de coopération (appelés aussi conférences) qui réunissent des représentants des administrations publiques de chaque pays membre. Ces comités regroupent parfois également des représentants des entreprises privées, semi-publiques ou publiques. Exemples : le Comité nordique pour la réglementation de la construction, Nordel (production et distribution d'électricité), les chemins de fer nordiques.

Soulignons au passage l'importance d'autres comités de coopération nordique qui deviennent des institutions (par exemple des institutions universitaires financées par l'État et diverses institutions privées).

Le C.N.M. s'appuie en premier lieu sur cinq comités permanents dont les domaines correspondent à ceux mentionnés dans les quatre sections du secrétariat du C.N.M. à Oslo et la section culturelle du secrétariat de Copenhague. Chacun de ces cinq comités comporte un ou plusieurs ministres de la catégorie dite « spécialisée ». Ainsi, par exemple, le Comité économique peut inclure presque tous les ministres de départements à caractère économique tels que les ministres des finances, de l'industrie, du commerce, du développement régional, etc.

À ces comités d'hommes politiques s'ajoutent et s'allient des comités de hauts fonctionnaires des pays membres, qui ont pour mission de préparer les réunions du C.N.M. et d'effectuer des recherches sur la base des décisions qu'il a prises.

Ces derniers comités, au nombre de treize actuellement, créent à leur tour des sous-comités travaillant sur une base permanente ou provisoire (ad hoc). On peut signaler les comités de hauts fonctionnaires concernant les domaines suivants :

- les problèmes se rapportant aux consommateurs,
- le secteur de la construction,
- la coopération culturelle,
- les politiques industrielles et énergétiques,
- les questions relatives au marché du travail,
- les questions d'harmonisation des lois,
- les questions d'ordre monétaire et financier,
- les questions relatives à l'environnement du travail,
- les questions relatives à la protection de l'environnement,
- la politique de développement régional,
- la politique sociale et les soins de santé,

Organigramme récapitulatif no 3

CONSEIL NORDIQUE (ASSEMBLÉE ET C.N.M.)

Secrétariat	Délégations	Parlements nationaux	Ministres	Ministre de la coopération	Institutions nordiques (conseils et budgets séparés)
Copenhague	D 16+2	D+Faeroe	Danemark		
Helsinki	F 17+1	F+Aland	Finlande		
Reykjavik	I 6	Islande	Islande		
Oslo	N 18	Norvège	Norvège		
Stockholm	S 18	Suède	Suède		

Secrétaire exécutif	Présidium 1 président 4 vice-présidents	C.N. des Ministres	
		Ministres spécialisés	Ministres de la Coopération

Secrétariat du Présidium + Service d'infor mation (Stockholm)	Comité d'information	Comités de hauts fonctionnaires	Comités de Ministres
	Assemblée du C.N. 78 élus+50 à 60 gouvernementaux	Sous-comités Groupes de travail Projets spéciaux	

Commissions du C.N.				
juri- dique	écono- mique	so- cial	commu- nications	cul- turel
Secrétariats				

Secrétariat du C.N.M.				
juri- dique	écono- mique	so- cial	commu- nications	cul- turel
Oslo				Copen.
Groupes-projets				

Sources: nos organigrammes no. 1 et no. 2 et E. Solem, The Nordic Council and Scandinavian Integration, Praeger, London, 1977, p. 34, adapté et mis à jour.

Cet organigramme récapitulatif devrait être complété par un comité du Budget au Présidium.

À noter également que l'Assemblée du C.N. comporte maintenant 50 à 60 représentants des gouvernements au lieu des 40-50 indiqués par Solem.

En traits gras nous avons indiqué les organismes de direction.

- la politique commerciale,
- les problèmes de transport et de communication.

5. Conclusion

Pour les fins de l'exposé, le C.N. a été divisé en deux parties : l'Assemblée (chapitre I et organigramme no 1), le Conseil nordique des Ministres (chapitre II et organigramme no 2). Ces deux parties à leur tour ont été démontées en pièces détachées. Au cours de cette opération de démontage nous avons cependant tenté de montrer l'interdépendance de tous ces rouages entre eux. (Voir l'ensemble, organigramme no 3). Finalement, le Conseil nordique constitue une machine beaucoup plus complexe qu'il n'y paraît à première vue, les éléments politiques et technocratiques y sont étroitement mêlés mais à partir d'une base essentiellement nationale. En d'autres termes, les concepts de député, ministre, fonctionnaire, nordiques (supranationaux) n'existent pratiquement pas. Si on se base donc uniquement sur les structures politiques communes (centrales) par opposition aux structures de coopération strictement nationales, on a une confirmation des tendances observées dans la partie consacrée aux facteurs d'intégration (première partie).

Schéma comparatif des structures officielles : C.E.E.-C.N.

Organes	C.E.E.	C.N. (C.N.M.)
Supranational	Commission européenne	?
Parlementaire	Parlement d'Europe	Assemblée plénière du C.N.
Intergouvernemental	Conseil des Ministres	Conseil nordique des Ministres
Consultatif	Comité économique et social	Experts — Hauts fonctionnaires
Partisan	Caucus des partis du Parlement d'Europe	Réunion des partis aux sessions du C.N.

N.B. Dans Nordic integration, op. cit., p. 17, Nils Andrén faisait figurer dans la rubrique organes supranationaux du C.N., les éléments suivants : activités coordonnées des secrétariats des délégations nationales assistés par les secrétariats « of inter-Nordic government commissions »
Une comparaison rapide nous montre la faiblesse des structures politiques communes du C.N. comparativement à celles de la C.E.E., si du moins on reste au niveau des structures officielles. Ce qui risque d'ailleurs de nous donner une fausse idée de la véritable dynamique de la coopération nordique.

On pourrait reformuler le tout comme suit, à la fin de cette seconde étape.

a) On constate un développement constant mais très lent des institutions politiques communes. On y observe un ralentissement certain depuis l'échec de Nordek.

b) Ce développement traduit, avec un retard prononcé, le souci de coopération des cinq États nordiques. Cette situation représente le cas classique du décalage entre les institutions mises en place et les besoins nouveaux des sociétés modernes. Mais cette lenteur exprime en même temps un souci de prudence et de pragmatisme propre à ces pays.

c) Corollaire de cette situation: ce développement des structures nouvelles ayant pour fonction de matérialiser la coopération, ne se traduit pas par une corrélation en sens inverse en ce qui concerne les structures politiques et administratives nationales.

En d'autres termes, le souci de préserver la souveraineté nationale l'emporte manifestement sur toute autre considération, surtout dans le cas des trois pays ayant acquis leur indépendance au cours de ce siècle seulement.

Si donc par intégration on veut dire changement d'allégeance nationale au profit d'une entité nouvelle supranationale ou « unité nordique », ou encore amalgamation dans le sens donné par K. Deutsch, l'expérience institutionnelle des pays nordiques ne représente nullement un modèle de ce genre d'intégration.

Par contre, si on s'en réfère aux autres définitions de l'intégration, celle de Nils Adrén et K. Deutsch (intégration pluraliste), l'expérience s'avère particulièrement enrichissante. Elle traduit un équilibre profond entre deux tendances différentes (pas nécessairement opposées) découlant de deux besoins absolument fondamentaux: d'une part s'ouvrir sur le monde extérieur en commençant par ses voisins les plus proches à tout point de vue et d'autre part préserver son identité et son autonomie interne.

Ce sont là deux besoins et deux tendances que n'importe quel observateur impartial peut constater avec de plus en plus de netteté au Québec, autant qu'en Finlande ou en Norvège, que ce soit avant ou après leur « indépendance ». Reste à savoir, dans le cas québécois, comment satisfaire ces besoins dans des structures nouvelles.

Troisième partie

L'intégration —
réalisations récentes

I. Intégration positive

1. Intégration ou harmonisation des législations?

Dans la première partie de cette analyse, nous avons souligné la portée et le rôle d'un certain nombre d'éléments d'ordre socio-économique, qu'on pourrait considérer comme constituant une infrastructure commune aux cinq pays nordiques.

Logiquement, on devrait donc s'attendre à une convergence relativement forte des processus d'élaboration législative et finalement des lois, règles, règlements, coutumes, jurisprudence, qui en découlent.

De fait, cette convergence a été amorcée depuis longtemps et avec la complexité croissante de la vie moderne s'ajoutant à la nécessité de la collaboration entre les cinq pays nordiques, le besoin d'une institutionnalisation commune se fait sentir de plus en plus.

D'autre part, compte tenu de la volonté de chaque État de garder sa souveraineté politique, il n'est pas question que la tendance mentionnée plus haut atteigne le point de non-retour que constituerait un code législatif commun pour les cinq États. En l'occurrence, on réaliserait ainsi le « stade suprême » de l'intégration, avec ce que cela suppose comme transformations au niveau des Parlements, des administrations gouvernementales et des cours de justice.

En réalité, actuellement on ne peut parler qu'en termes de coordination, harmonisation, en vue d'une certaine uniformité[1].

Le traité d'Helsinki (1962) qui représente une étape importante dans cette évolution vient à la fois consacrer les tendances

---

1. Comme introduction, voir Gunnar Olsson, The Common Nordic Labor Market, Stockholm, The Swedish Institute, 1969.

à la convergence et assigner un cadre à des pratiques en vigueur depuis déjà longtemps. Ainsi, l'article quatre précise que les parties contractantes devront continuer leur coopération législative, afin d'obtenir la plus grande uniformité possible en droit privé. L'article cinq énonce des principes similaires en matière de droit criminel, tandis que l'article six parle de la nécessité de coordonner les autres domaines de la législation.

En pratique, tout projet de décision nouvelle touchant aux « domaines harmonisés » ou à harmoniser doit faire l'objet d'une information communiquée aux partenaires nordiques.

Et c'est ici qu'entrent en jeu différents institutions et mécanismes, tels que les conférences nordiques inter-ministérielles et le Conseil nordique des Ministres.

Au mieux, on réussira à adopter un texte uniforme après échange et discussion à ce niveau mais ce sont les parlements nationaux qui décident en dernier ressort de la suite à donner.

Les considérations qui précèdent nous montrent à la fois les possibilités et les limites des tendances à l'intégration. Dans un second temps, il serait bon de s'arrêter pour en observer les réalisations concrètes tout en les resituant dans leur perspective d'ensemble.

Étant donné, d'une part, l'intensité croissante de la circulation des biens et des personnes entre les cinq pays nordiques et d'autre part la nécessité de disposer d'un instrument juridique commun pour répondre aux nécessités des échanges internationaux, le droit commercial représente un domaine privilégié au point de vue des réalisations à observer.

Il constitue en quelque sorte un test et un indicateur dans la tendance vers un certain degré d'intégration. Qu'en est-il donc dans ce domaine ? Actuellement, les lois « harmonisées » concernent essentiellement les matières suivantes : conclusions des contrats, achat de biens, vente à tempérament, dettes, registres commerciaux, contrats d'assurance, brevets, billets d'échanges et chèques.

Les lois concernant ces matières sont désormais quasi identiques pour les cinq pays nordiques, avec quelques réserves concernant surtout l'Islande.

Conscient de l'emprise croissante des entreprises multinationales sur les économies nationales, le Conseil nordique a voulu aller plus loin encore et il a recommandé dernièrement au Conseil des Ministres d'étudier «le rôle des entreprises multinationales dans l'économie des pays nordiques» et d'envisager «une législation nordique commune ou d'autres mesures appropriées». Mais cette recommandation, qui dépasse d'ailleurs le cadre du domaine étudié ici, n'a pas été suivie de mesures législatives concrètes. C'est néanmoins une initiative extrêmement intéressante, qui démontre une fois de plus combien ce genre de problèmes transcende les limites des États, surtout lorsqu'il s'agit de petits États.

Revenant à un échelon plus modeste, la lecture des derniers rapports du Conseil nordique nous montre des projets de législation commune, concernant notamment les blessures résultant d'accidents routiers et la communication outre-frontière d'informations traitées par ordinateur.

Quant au droit civil, autre domaine très important lui aussi pour la coopération nordique, on y remarque un fort degré d'uniformisation, spécialement en ce qui concerne la famille, le mariage, les liens de parenté, le divorce. Notons cependant que la Suède et le Danemark sont nettement plus «libéraux» que la Norvège et la Finlande en matière de mœurs et de conception familiale et ceci se traduit par des différences appréciables dans la législation sur le divorce et dans l'approche de problèmes tels que l'avortement, par exemple.

Avec ce dernier exemple nous abordons le droit pénal. Ce dernier a subi une évolution parallèle au droit commercial et civil. Ceci a pour résultat que désormais chaque État a des dispositions analogues en matière d'extradition, d'exécution des jugements, etc. Pratiquement, aucun délinquant ne peut plus échapper à la loi du pays où il a commis une infraction et le régime des peines connaît une standardisation croissante. Tout cela constitue aussi une conséquence du développement du marché commun aux cinq pays. Et à leur tour ces transformations des législations commerciales, civiles et pénales, contribuent à façonner un outil particulièrement précieux pour le processus d'intégration économique.

Mais, encore une fois, ce processus ne va pas à l'encontre de la souveraineté nationale. Ceci se traduit par le fait, par exemple, qu'il n'y a pas une cour suprême de justice commune à tous, ni même une cour d'arbitrage. Cette situation lourde de signification montre qu'il y a des limites qu'on n'a pas franchies et que jusqu'ici, on n'est nullement désireux de franchir. À ce point de vue, la Communauté économique européenne présente un cas très différent, considérons le rôle joué par la Cour de Justice de Luxembourg.

Pour terminer ce tableau, signalons le rôle joué par les instituts juridiques nordiques créés après 1960 et destinés à faciliter cette coopération, notamment dans le domaine de l'enseignement et la recherche. Voir notamment l'Institut nordique de Droit maritime à Oslo et l'Institut nordique des Sciences juridiques qui a pour vocation la recherche en droit comparé des pays nordiques. Ce ne sont pas à proprement parler des instituts nordiques communs ; ils résultent plutôt d'une division du travail plus large et dépendent essentiellement du pays où ils travaillent, pour leur infrastructure, leur personnel et leur financement. Quant à leur rôle, il semble avoir été relativement modeste jusqu'ici.

Malgré toutes les réserves formulées, on peut conclure en disant que c'est dans le domaine des législations précitées que l'effort d'intégration a été l'un de plus poussé.

2. *Intégration accélérée du marché du travail*

Dans l'analyse des facteurs de désintégration, nous avons souligné l'importance relative des disparités économiques régionales relevées à l'intérieur de plusieurs pays (voir notamment le secteur agricole en Norvège, Suède, Finlande) et les disparités économiques opposant globalement plusieurs de ces pays (exemple les développements industriels inégaux de la Norvège et de la Finlande, par rapport à la Suède).

Ce phénomène, vu sous un certain angle, peut constituer à la fois un frein ou un accélérateur pour la constitution d'un marché commun du travail, surtout si on considère l'aspect division du travail et complémentarité.

Les réticences et donc les freins peuvent provenir des pays qui craignent de voir se développer un marché du travail surtout au profit de la Suède, par exemple. Ce qui se traduirait notamment par un «exode des cerveaux» aux dépens des pays d'origine. Ou au contraire les réticences peuvent être engendrées par la crainte d'un afflux de main-d'œuvre non qualifiée en prove-

nance de régions nordiques moins développées, avec toutes les
conséquences que cela implique au point de vue chômage.

Malgré les contradictions apparentes dans les intérêts nationaux respectifs, l'intégration du marché du travail est l'une des
plus avancées et aussi, elle est l'une des moins difficiles à observer et à analyser, du moins à première vue.

Ici l'attention doit se porter en premier lieu sur les conventions multilatérales successives qui viennent couronner les différentes étapes d'une évolution. Elles en constituent donc les
jalons les plus tangibles.

Ainsi, la convention nordique de 1954 s'avère d'une importance capitale. Cette dernière vise à assurer le plein emploi dans
les cinq pays, en permettant une libre circulation des individus.
Ceci se traduit d'abord par la suppression des passeports, ce qui
en soi n'aurait rien de bien original car d'autres pays le font pour
permettre les échanges touristiques. Mais la disposition la plus
importante réside dans la reconnaissance du principe d'égalité
d'avantages accordés en matière d'offre d'emploi pour chacun des
pays concernés et ce, quelle que soit l'origine des travailleurs.

Ceci exclut donc l'obligation d'une autorisation de séjour
et surtout de travail pour les ressortissants des cinq pays.

Évidemment, ces dispositions ont été assorties de limites,
notamment pour certaines professions pour l'exercice desquelles
on exige encore une autorisation spéciale.

Des conventions successives ont progressivement étendu le
nombre de professions bénéficiaires de cette ouverture nouvelle et
l'on assiste à un mouvement en boule de neige avec tous ses
effets cumulatifs. Les dernières professions à y participer se situent
notamment dans le domaine médical et vétérinaire. Mais l'immense
majorité des travailleurs en bénéficie et peut en bénéficier.

Il est toujours plus aisé d'énoncer des principes et même
d'élaborer des lois et règlements que de les appliquer concrètement et efficacement. C'est précisément à ce niveau que les
réalisations peuvent être paralysées ou en tout cas freinées consi-

---

2.   Voir « Agreement between Denmark, Finland, Iceland, Norway and Sweden
     concerning a Common Labour Market », 1954 dans Corporation Agree-
     ments between the Nordic Countries, Nordik Utredningsserie, 1976: 8,
     Nordic Council, Stockholm, 1976, p. 48-51.

dérablement sur place. En réalité, on constate que pour appliquer cette politique d'ouverture il y a un comité permanent à l'échelon intergouvernemental (Comité nordique du marché du travail) mais, ce sont les organismes nationaux de l'emploi (centraux et locaux) qui effectuent les inventaires des besoins et qui finalement canalisent les offres et les demandes, en fonction du marché du travail national. Et l'on insiste sur ce dernier qualificatif. On ne peut donc pas parler d'une véritable politique de l'emploi à l'échelon nordique mais, par ailleurs, l'existence d'un marché commun du travail commence à devenir une réalité, même si les travailleurs «immigrés» ne constituent qu'une petite minorité par rapport à la main-d'œuvre dite nationale. Finalement le développement de ce marché[3] dépend de la bonne volonté et de la capacité de chaque État à faire analyser correctement ses ressources, ses besoins, les tendances à court et moyen terme de son économie et ensuite de son aptitude à diriger la main-d'œuvre disponible vers les endroits voulus, avec toutes les dispositions et dispositifs que ces mouvements exigent en matière d'ajustement et de recyclage.

Ces opérations exigent évidemment de grandes ressources financières si l'on considère l'étendue et la complexité des mesures destinées à assurer une véritable mobilité de la main-d'œuvre: aide au recyclage, allocations familiales, politique de l'habitat à prix modique, congés payés, etc., (voir politique sociale). Dans l'ensemble, ce marché commun du travail représente certes une des trois ou quatre plus grandes réalisations en matière d'intégration nordique mais il faut dire que, jusqu'à tout récemment, ces pays ont en général bénéficié d'une conjoncture économique relativement favorable. En période de récession et d'accroissement du taux de chômage, on peut se demander ce qu'il adviendra. Mais il ne faut pas oublier que les dispositifs mis en place comportent probablement suffisamment de soupapes de sûreté pour éviter la congestion dans certaines régions ou au contraire le sous-emploi dans d'autres. Et c'est précisément cette souplesse dans le fonctionnement des mécanismes et articulations qui frappe l'observateur étranger.

Cette constatation peut lui faire perdre de vue les conflits latents qui, à certains moments, peuvent opposer les pays plus

---

3.   Pour les incidences socio-économiques, voir H. Seip, «Social and Economic Problems in Connection with the Nordic Labour Market», *Nordisk Udredningsserie*, 1968, no. 9, p. 45-56.

riches aux moins nantis et qui se traduisent, par exemple, par un exode unilatéral en provenance de la Finlande vers la Suède, pays où les Finlandais «émigrés» constituent à peu près la moitié de toute la main-d'œuvre d'origine non suédoise.

On peut avancer que, sans la présence de l'exutoire suédois, cette main-d'œuvre serait sans emploi dans son pays d'origine. Mais à cela, les Finlandais répondront qu'on devrait atteindre un meilleur équilibre dans les mouvements migratoires en créant davantage d'emplois en Finlande. Ici encore on touche à un problème beaucoup plus vaste, celui de la politique d'investissement et d'industrialisation à l'échelon des pays nordiques que nous mentionnerons plus loin pour en souligner surtout les carences.

3. Intégration de la sécurité sociale: un modèle?

Chacun des pays nordiques a la réputation d'avoir un système de sécurité sociale parmi les plus évolués au monde. C'est d'ailleurs une des principales caractéristiques de ces pays dits «sociaux-démocrates». Dans ce contexte, il s'avère certes moins difficile de procéder à un minimum d'intégration car elle se réalise du point de vue qualité des services. Il est en effet beaucoup plus difficile d'intégrer des systèmes de sécurité sociale différents ou tout simplement égaux par la médiocrité car dans ce dernier cas cela équivaut à dire que presque tout le travail d'élaboration et d'organisation reste à faire avant de parler de coordination proprement dite ou d'intégration.

Partant donc de bases très solidement établies, le processus d'intégration dans ce domaine constitue véritablement un modèle du genre.

Parallèlement à la Convention de 1954 sur le marché du travail, on retrouve la Convention de 1955[4] sur la sécurité sociale qui rejoint les mêmes préoccupations et objectifs. Elle est à la fois l'aboutissement et la consécration d'une évolution antérieure et représente un jalon capital par la précision qu'elle apporte, contrai-

---

4. Voir Convention between Denmark, Finland, Iceland, Norway and Sweden respecting Social Security, 1955.
    Cette convention a été amendée par des accords (13/9/61, 24/8/66, 2/2/67, 2/12/69 et 2/2/75).

rement à bien d'autres conventions qui se contentent d'énoncer laconiquement des principes généraux, remettant à plus tard la question très hypothétique de l'application pratique. La Convention de 1955 a été complétée par d'autres dispositions en 1967 et en 1974 concernant la maladie et la maternité. Telle quelle, on peut la considérer comme la charte fondamentale de la sécurité sociale nordique, une charte qui reprend et intègre les parties substantielles de douze conventions signées antérieurement à intervalles plus ou moins rapprochés et reformule le tout d'une façon plus articulée.

Dans son préambule, la Convention précise que les citoyens des pays nordiques doivent être placés sur le même pied que les nationaux du pays nordique où ils émigrent, en ce qui a trait aux lois de la sécurité sociale. Ce principe d'égalité s'applique à toutes les branches de la sécurité sociale et est établi sous forme d'accords entre les pays concernés. Ces dispositions concernent:

— les bénéfices en cas de capacité de travail réduite, les pensions de vieillesse, y compris les suppléments (pour autant que le candidat réunisse certaines conditions),
— l'assurance maladie, même pour les personnes non salariées,
— l'assurance accident de travail et maladie professionnelle, même si la victime retourne dans son pays d'origine (les dépenses seront payées par le pays où l'accident s'est produit ou la maladie a été contractée),
— l'assurance chômage fournie en fonction du même principe d'égalité mais en tenant compte évidemment des périodes de contribution et du montant de celles-ci,
— les bénéfices et indemnités en cas de maternité,
— les allocations familiales,
— l'assistance publique, sauf l'indigence permanente (rapatriement dans certains cas).

La collaboration se poursuit à divers niveaux et dans tous les domaines et elle a atteint, on le voit, un très haut degré d'intégration. En ce moment, on met surtout l'accent sur le problème de la santé. Des recherches conjointes sont menées spécialement dans le domaine de la formation du personnel social et médical, la coopération en matière de médicaments et de transplantation d'organes.

Malgré tous les résultats déjà obtenus, le Conseil des ministres reste préoccupé par la nécessité d'orienter davantage la politique sociale pour les années à venir. Ceci se traduit par des réunions, où les gouvernements et leurs représentants étudient les problèmes nouveaux que posent le bien-être social et la santé publique, spécialement dans le domaine de la prévention, domaine relativement nouveau pour beaucoup de pays moins développés. On est encore loin d'avoir atteint ce que l'on pourrait appeler un degré de saturation. Bien au contraire, malgré un perfectionnement en matière de sécurité sociale, ces pays fort évolués désirent encore progresser pour ne pas perdre l'avance acquise sur la plupart des pays industrialisés. Il y a là comme une sorte de processus d'accélération qui fait qu'une fois que tous les mécanismes sont déclenchés, on ne peut plus les arrêter. En ce sens, plus on satisfait les besoins sociaux, plus la conscience d'autres besoins se fait jour, spirale sans fin, ce qui constitue d'ailleurs souvent un facteur de progrès.

Le souci d'intégration se retrouve sous d'autres formes, notamment dans le développement d'institutions permanentes communes:

— pour la transplantation d'organes (exemple Scandiatransplant),
— pour la récolte de statistiques médicales (Nomesko) et sociales,
— pour la recherche sur l'alcoolisme, les drogues, l'harmonisation de la législation médicale,
— pour l'étude de la santé publique (École nordique de la Santé publique, Göteborg, Suède),
— pour la formation de la main-d'œuvre.

À cela s'ajoutent des dispositions diverses telles que:

— la création d'une Union des médecins,
— l'établissement d'un code commun de la médication,
— l'uniformisation des appareils médicaux, etc.

En fin de compte, dans ce domaine également, les conventions sont elles-mêmes intégrées dans un faisceau de relations multiples de pays à pays, à divers niveaux, publics et privés, qui contribuent à conférer aux conventions le maximum de portée pratique.

Sans ce support, les conventions courraient le risque de rester lettre morte, comme c'est trop souvent le cas dans le domaine des relations internationales, s'il n'existe aucun élément coercitif ou aucune motivation suffisante.

En l'occurrence, dans le cas nordique, l'élément coercitif est totalement absent, par contre la motivation joue un rôle déterminant, du moins dans ịe domaine précité.

4.   *Transports et communications : intégration limitée*

Comme on l'a rappelé à propos du marché du travail, les deux accords de 1954 et de 1957 au sujet des passeports, ont permis d'accélérer la libre circulation entre les ressortissants des pays signataires.

Quant au traité de base de la coopération nordique (Helsinki 1962), il est venu poser un certain nombre de jalons dans ce domaine, mais d'une façon fort limitée et en des termes très généraux (voir articles 26-29).

Il faut attendre le traité de 1972[5] pour obtenir d'autres précisions quant aux structures, agences et formes de coopération entre les cinq pays.

Ce traité, tout en couvrant un domaine fort étendu, puisqu'il comprend les transports terrestres, maritimes, aériens, plus les services des postes et les télécommunications, ne concerne cependant pas la sécurité routière.

Cette dernière relève de la compétence d'une institution indépendante : le «Conseil nordique de la sécurité du trafic». Le traité ne couvre pas non plus la navigation maritime internationale ni la politique des transports aériens des pays nordiques.

Son objet est de rationaliser le système de transport et de communication, en procédant à une meilleure division du travail entre pays et en utilisant les ressources disponibles dans un effort collectif mieux organisé.

Il n'est pas question ici de remplacer la coopération déjà existante entre autorités, organismes et sociétés, tant publiques que privés.

Le traité ne prétend pas non plus se substituer à ces dernières, même à longue échéance, tant que la coopération directe

---

5.   Treaty between Denmark, Finland, Iceland, Norway and Sweden concerning cooperation in the field of Transport and Communications, signé le 6/11/1972, en vigueur le 1/3/1973.

leur assurera des arrangements convenables. Le but fondamental est donc de continuer et de renforcer la coopération déjà existante tout en prenant en considération l'avenir à moyen et à long terme.

En pratique, cela signifie que l'on procédera à des analyses permanentes dans de nombreux domaines des transports et communications, qui seront la base de projets communs. De plus, on continuera, autant que possible, d'adopter des règles plus ou moins uniformes pour les cinq pays, tout en accélérant la standardisation de l'équipement des cinq.

Quant à la division du travail entre les cinq, elle se fonde évidemment sur les ressources utilisables dans l'immédiat et vise surtout à développer les organismes de recherche et les diverses institutions.

Dans cette tâche, les organes compétents sont le « committee of senior officials » (comité de hauts fonctionnaires nationaux) assisté pour la recherche par le N.K.T.F. (comité nordique pour la recherche en matière de transport). Le tout est supervisé par le Conseil nordique des ministres.

Ces organisations s'occupent des problèmes du transport mais les grands travaux tels que décrits plus loin (ponts, aéroports, etc.) peuvent ne pas ressortir au traité, si les autres membres s'y opposent. Dans ce cas, on revient aux relations bilatérales.

Quant au Conseil des ministres, il a l'avantage de s'appuyer sur les comités précités mais en outre il peut faire appel, sous d'autres formes, à un grand nombre d'expertises. Parmi les organes consultatifs permanents, mentionnons:

— le Groupe consultatif pour la sécurité du trafic,
— le Comité d'étude sur la sécurité du trafic,
— le Comité pour les questions législatives concernant le trafic routier,
— le Comité pour la recherche sur l'économie des transports,
— le Comité pour les questions du trafic touristique.

Finalement, c'est le Conseil des ministres qui centralise à la fois les informations et les rapports et il est amené lui-même à produire des rapports sur les mesures prises par chaque pays à la suite de recommandations, ce qui assure ainsi un minimum de contrôle. Mais on ne peut pas véritablement parler d'une politique commune des transports.

Il ne faut pas non plus exagérer la portée de l'intégration du système de transport. Certes, il y a des réalisations spectaculaires à ce point de vue, telle que la S.A.S. (Scandinavian Air System) qui a repris les lignes aériennes des trois pays scandinaves (Suède, Norvège, Danemark) et est devenue un géant de l'aviation commerciale[6]. Par contre, la Finlande est restée à l'écart avec sa propre compagnie Finair, ainsi que l'Islande avec Icelandic Airlines et Icelandair. Le chiffre d'affaires de ces trois compagnies est certes beaucoup plus modeste et leur rayon d'action n'est pas comparable mais elles sont capables de réaliser des profits substantiels et entendent continuer leurs opérations, même s'il leur arrive d'être parfois gênées par leur grand rival. (Voir les difficultés qu'a éprouvées à certains moments Finair pour obtenir le droit d'atterrissage dans une capitale nordique voisine.)

Parmi les autres réalisations concrètes, citons la coopération en matière de recherche dans le domaine de la technique de construction des routes (surtout pour la circulation en hiver), de la circulation routière, de l'unification du code et des signaux routiers, etc.

Par contre, on n'a pas encore réussi à unifier les réseaux ferroviaires au point de vue des taxes de transports, tarifs, etc. Dans le domaine de la navigation maritime, des accords mutuels ont été conclus pour le cabotage, l'utilisation des bateaux météorologiques, les brise-glaces, etc. Et on tend à uniformiser (comme on l'a signalé plus haut) les règles de la navigation.

Tout cela revêt une grande importance pour tous ces pays à vocation maritime, où le transport par mer est souvent plus facile et moins onéreux que par la route, du moins pour les marchandises pondéreuses.

Signalons également que les cinq ont réalisé, en partie, une zone commune pour les postes, télégraphes et téléphones et que le tarif d'affranchissement des lettres est pratiquement uniformisé. Fait significatif cependant, chaque pays garde ses timbres particuliers avec ses propres effigies et symboles.

---

6.   R. A. Nelson, « Scandivian Airlines System : Cooperation in the Air », Journal of Air Law and Commerce, XX, (1963), p. 178-196.

Quant aux projets bilatéraux ou multilatéraux, il y a d'abord celui qui concerne les transports et les communications dans les régions les plus septentrionales de la calotte nordique, où la population est très éparpillée et fort éloignée de tout centre et où par conséquent les services sont extrêmement coûteux.

À l'inverse, dans le sud il y a des projets de collaboration, tels que Norkolt qui concernent le transport public dans les régions à forte densité de population.

Le projet actuellement le plus important est bilatéral (Danemark-Suède), il vise notamment la construction d'un pont ou d'un tunnel à travers l'Øresund. Ce projet répond à un besoin extrêmement pressant, du fait que les échanges commerciaux et les structures économiques se transforment de plus en plus sans se préoccuper des frontières politiques et nationales. Ainsi les régions frontalières, qui jadis servaient de zones de protection... et d'opérations, sont devenues essentiellement des zones de contact et de développement économique, toujours davantage reliées à un hinterland situé en Europe nord-occidentale.

Dans les prochaines années, on assistera sans doute à une accélération de la concentration du développement nordique dans la zone de l'Øresund et de sa périphérie. L'industrie lourde et légère (malgré quelques tentatives de décentralisation) continue d'ailleurs à se fixer en bordure des côtes. À ce point de vue, voir l'implantation de la nouvelle industrie pétro-chimique dans le sud de la Norvège. Si l'on replace cette tendance dans une perspective européenne et mondiale, on constate que la région ainsi développée est relativement proche de Hambourg et que, finalement, elle représente la périphérie d'une des zones les plus industrialisées du monde, ayant comme centre de gravité le Rhin et la mer du Nord.

Le projet de l'Øresund s'imbrique donc dans un ensemble plus vaste, il comporte, outre le pont ou tunnel précité, un grand aéroport international près de Copenhague et tout un réseau de liaisons routières, de nature à mieux répondre aux besoins d'une circulation croissante entre les divers pays nordiques, via Göteborg et Stockholm.

Ce système de communication et de transport, une fois réalisé, constituera une étape capitale dans l'intégration économique des cinq pays nordiques, car cela les concerne plus ou moins tous, directement, étant donné la position centrale des installations prévues.

Mais en même temps, ce projet nordique accentuera le degré d'ouverture des pays nordiques vers la Communauté économique européenne, avec le danger déjà signalé que cette opération ne se fasse aux dépens de l'intégration nordique.

Mais dans quelle mesure peut-on et doit-on résister à la force d'attraction des plus grands ensembles? C'est là la question que se posent beaucoup de petits pays. Dans le cas des pays nordiques, ceux-ci ont cependant réussi à garder leurs distances et un minimum d'autonomie à l'égard des grandes puissances étrangères, sauvegardant ainsi à la fois leurs intérêts et leur identité. En fin de compte, lorsqu'on parle d'autonomie et d'indépendance, tout est question de degré. Mais au-delà d'un certain degré, on peut parler de dépendance et de sujétion. Il resterait certes à préciser ce dernier d'une façon opérationnelle, en tenant compte à la fois des possibilités matérielles et surtout de la volonté de survie des peuples, en tant que peuples ayant une personnalité et une identité propres. Et ceci pose un problème dépassant évidemment le cadre des transports et communications, tout en étant étroitement lié à ce dernier.

5. *Intégration culturelle nordique et sous-cultures nationales*

Dans la première partie de cette étude, nous avons relevé divers facteurs freinant l'intégration culturelle. Nous avons souligné surtout les cas particuliers de la Finlande et de la Norvège, les variations des influences étrangères sur chaque État nordique et le rôle dominant exercé par la Suède. D'autre part, on constate que la grande majorité de la population est concentrée au Sud, dans le triangle Oslo-Copenhague-Stockholm (avec Helsinki dans la périphérie).

Les conditions de climat et de développement social y présentent de nombreuses similitudes surtout quand on compare ces populations avec celles de pays tels que les États-Unis ou la France, malgré leur unité linguistique.

Dans le passé, les liaisons maritimes avaient joué un grand rôle dans le façonnement de structures sociales présentant de nombreuses caractéristiques communes. L'accroissement des liaisons terrestres et aériennes, l'accélération des échanges via les media d'information et enfin l'établissement et la modernisation des industries nordiques ont contribué à uniformiser davantage, à la fois l'infrastructure économico-sociale et la superstructure culturelle.

On tend certes vers un certain degré d'uniformisation, mais des sous-cultures nationales subsistent et chacun des cinq pays entend conserver jalousement la sienne.

Il y a donc un mouvement d'ouverture et de communication toujours plus intense avec les voisins nordiques et les pays étrangers, surtout occidentaux, mais il est contrebalancé par un retour constant aux sources culturelles nationales. Ces mouvements en sens inverse assurent, jusqu'ici, à la fois l'équilibre et l'identité propre de chacun des cinq pays. On ne tend donc nullement vers un modèle culturel du type « melting pot » américain[7]. Au contraire, l'expérience nordique en est la véritable antithèse. Chacun des cinq pays est, en outre, conscient que cette identité culturelle ne peut se maintenir sans l'indépendance politique. C'est ce que soulignent L. Rosenlund et L. Wilhemsen dans leur ouvrage « Unity and diversity of nordic cultural life[8] ».

Ils font voir comment l'union de la Norvège à la Suède a nui au développement culturel de la Norvège (en raison de la domination suédoise) et démontrent l'expansion culturelle qu'a connue la Norvège après son indépendance.

> National freedom has proved to be one of the strongest of the forces needed to release the creative power of a people. Almost everywhere, and certainly in Norway, national liberation has been followed by a cultural renascence. Nordic culture would have been much poorer without full national freedom for all (p. 11).

Fait remarquable, après s'être « libérée » de la Suède, la Norvège a développé sa collaboration culturelle avec cette dernière, mais sur une toute autre base, « Cooperation is only possible between equals » (p. 11). Et cette citation résume l'essentiel de l'esprit avec lequel s'effectue une certaine intégration culturelle nordique. Cette dernière résulte d'une interdépendance croissante

---

7.   Pour une comparaison approfondie, voir Milton M. Gordon, Assimilation in American Life, New York, Oxford University Press, 1964, p. 115-131.
8.   L. Rosenlund et L. Wilhemsen, Unity and Diversity of Nordic cultural Life, Oslo, Lobo, 1976.

des pays nordiques mais assure aux cinq partenaires le maintien de leur identité. On ne peut donc pas parler d'intégration au dernier stade, c'est-à-dire d'amalgamation ou de fusion complète de diverses cultures, qui donneraient naissance à une nouvelle culture distincte, aux dépens de ses composantes condamnées à l'extinction à plus ou moins long terme.

Après avoir mis l'accent sur l'esprit et sur le cadre dans lesquels devraient logiquement se développer ces relations culturelles, il serait bon d'en voir les principales réalisations[9].

Nous avions déjà souligné l'existence d'un réseau extrêmement dense d'organisations de toute nature, facilitant la coopération des cinq: union interparlementaire nordique (dès 1901), conférences syndicales nordiques, congrès des partis travaillistes nordiques (dès 1886), congrès des organisations patronales, ouvrières[10], agricoles, professionnelles, réunions de sociétés savantes et d'enseignants, rencontres d'artistes, d'écrivains, de représentants des média d'information, d'étudiants, rencontres sportives, etc. Combiné avec le tourisme, cet ensemble de contacts humains contribue, pour sa part, à développer un arrière-plan culturel commun permettant d'étudier ensemble des problèmes dépassant les possibilités d'une organisation ou d'un pays isolé. Ceci, en vue de trouver les bases d'une coopération culturelle, non seulement entre les cinq partenaires, mais également avec le reste du monde.

En liaison avec les organisations précitées, rappelons également le rôle plus spécifique des Norden[11], fer de lance de la coopération nordique et groupes de pression particulièrement efficace, notamment en matière de diffusion des langues nordiques, d'enseignement, d'échanges culturels, de jumelages de groupes ou de villes, de révision des manuels d'histoire et de géographie, et dont l'action s'étend également à la coopération économique et politique.

---

9. Dans le domaine culturel, pour une bonne description des organismes et formes de coopération de 1946 à 1972, voir Ingeborg Lyche, Nordic Cultural Cooperation, Joint Ventures, Oslo, Universitetsforlaget, 1974.

10. Pour les associations et groupements nordiques à caractère économique (manufacturiers, travailleurs, etc.) voir le Dictionary of International Organization, Yearbook. Cette publication annuelle résume les objectifs et activités des principales organisations dans le domaine précité.

11. Pour une courte synthèse, voir A. Landquist, The Norden Associations, Background, Functions, Prospects, Oslo, League of the Norden Association, 1974.

À l'échelon gouvernemental, la coopération ne s'est développée que plus tard et plus faiblement, comparativement aux relations du type mentionné plus haut.

Depuis la fin de la deuxième Guerre, la coopération gouvernementale est entrée dans une phase d'accélération se traduisant par: des réunions annuelles des ministres nationaux de l'éducation et de la culture, la création en 1946 de la Commission culturelle des Affaires nordiques avec ses trois sections (recherche et enseignement supérieur, questions scolaires, éducation populaire et art), la naissance du Conseil nordique et du Conseil nordique des Ministres en 1952.

La base gouvernementale de la coopération culturelle actuelle est contenue dans le traité d'Helsinki (1962) amendé en 1971, et confirmé par l'accord culturel nordique de 1972.

Pour la première fois, en 1967, un fonds supranational a été constitué par les cinq parlements nationaux, il est administré par le Secrétariat culturel nordique de Copenhague (environ 5 millions de couronnes danoises).

Les projets réalisés jusqu'ici se situent surtout dans le domaine de l'éducation des adultes, l'éducation professionnelle, la recherche, les échanges de professeurs et d'information, les conférences, symposiums. Notons aussi la coopération en matière de cinéma, de radio-télévision, la traduction de publications des pays nordiques, la collaboration des troupes théâtrales et des musiciens, etc.

Parmi les institutions créées, mentionnons les suivantes, bien qu'elles n'aient pas toutes une vocation d'ordre strictement culturel:

l'Institut de Physique théorique (Copenhague),
l'Institut de Droit maritime (Oslo),
l'Institut des Études africaines (Uppsala),
l'Institut des Études asiatiques (Copenhague),
l'Institut de Planification de la Société (Stockholm),
l'Institut de Santé publique (Götenborg),
l'Institut de Folklore (Turku),
l'Institut de Vulcanologie (Reykjavik),
l'Institut nordique des Arts oraux (Copenhague),
l'Institut nordique des Études lapones,
l'Institut nordique des Sciences juridiques,

le Collège pour les Journalistes (Arhus),
la Maison nordique (Reykjavik),
le «Collegium» de Biologie marine,
le «Collegium» de Recherche sur la théorie des jeux,
le «Collegium» d'Océanographie physique,
le «Collegium» d'Écologie terrestre,
la Commission pour l'Éducation médicale,
la Commission pour la Médecine arctique,
la Commission pour la Recherche médicale,
la Commission pour les Humanités,
la Commission pour la Recherche sociale,
la Commission pour la Recherche en Science,
la Commission pour la Recherche en matière forestière,
la Commission pour la Politique internationale,
la Commission pour l'Information scientifique et technique,
le Conseil nordique pour la Recherche appliquée (Norfold),
le Secrétariat nordique des Statistiques (Copenhague).

Il est à noter que les pays nordiques préfèrent constituer des équipes nationales ou nordiques, relevant d'un des cinq pays nordiques au point de vue de l'infrastructure, plutôt que de créer des instituts nordiques véritablement supranationaux.

Mentionnons également qu'il reste énormément de progrès à réaliser avant que les enseignements, surtout universitaires, connaissent un degré plus poussé d'harmonisation et puissent déboucher sur une reconnaissance de l'équivalence des diplômes.

Et ici on touche du doigt à un problème lié au marché du travail où certains groupes d'intérêts s'opposent à une libération complète de ce type d'échange, pour des raisons qui ont peu de rapport avec les objectifs de la coopération nordique.

Sous le couvert de nationalisme, ce sont souvent des obstacles bien concrets de ce genre qui s'opposent à une intégration véritable. En d'autres termes, l'intégration culturelle peut se développer dans la mesure où elle ne s'oppose pas trop directement à certains intérêts matériels.

Il resterait évidemment à évaluer la force de ces derniers. Mais ce simple fait suffit, à lui seul, pour confirmer, si besoin était, que l'intégration culturelle ne pourra se développer que parallèlement aux autres types d'intégration, économique, sociale et politique.

Parfois, elle sera la résultante directe de ces dernières. Parfois tout en leur étant étroitement liée, elle les précédera dans le temps et l'espace car la relation infrastructure-superstructure ne revêt pas toujours le caractère purement mécaniste ou déterministe que certains veulent lui conférer.

Le cas nordique semble bien le démontrer, en l'occurrence en tout cas l'intégration culturelle est beaucoup plus avancée que l'intégration d'ordre purement économique. Et sur ce point tous les observateurs consultés jusqu'ici m'ont parus d'accord.

Reste à savoir quel sera l'impact de cette intégration culturelle plus poussée sur une intégration économique peu avancée jusqu'ici.

Ceci pose un problème fort intéressant mais extrêmement complexe car il implique finalement des choix entre des variables de nature fort différente. Or les nordiques sont des gens très pragmatiques qui aiment jouer plusieurs cartes à la fois et faire des compromis.

Ainsi l'intégration culturelle nordique pourrait être considérée comme une base de repli ou une compensation, voire surtout un élément d'identification, face à la menace d'une intégration extra-nordique comme c'est le cas avec l'extension de la Communauté économique européenne.

Le cas du Danemark, entré dans la C.E.E. pour des raisons d'ordre purement économique, illustre bien cette situation. On y constate avec quelle énergie cet État désire non seulement garder mais aussi intensifier ses relations culturelles avec ses partenaires nordiques, face à un danger d'absorption totale dans la C.E.E.

C'est là un réflexe légitime et compréhensible, qu'on observe aussi en Finlande face à l'URSS, mais dans un contexte différent où ici le facteur politique domine, en raison des pressions exercées par l'URSS dans ce domaine[12], alors que dans le cas C.E.E. — Danemark, l'élément d'ordre économique jouait un rôle capital.

---

12. M. Jacobson, Finnish Neutrality, A Study of Finnish Foreign Policy since the Second War, Londres, Evelyn, 1968.
   L. A. Puntila, Histoire politique de la Finlande de 1809 à 1955, Neuchâtel, Baconnière, 1966.

II. Intégration faible ou nulle

1. Échec d'intégration nordique : la pêche et l'agriculture

La pêche joue un rôle vital pour l'économie de l'Islande, elle représente environ ⁸/₁₀ de ses exportations. Dans le cas de la Norvège, premier producteur d'Europe occidentale en ce domaine, la pêche ne constitue qu'un dixième de ses exportations. Quant à la production suédoise et finlandaise, elle est extrêmement réduite. Le Danemark, enfin, occupe une place intermédiaire entre ces deux groupes aux intérêts différents. Récemment, les pêcheries norvégiennes et islandaises ont posé de graves problèmes internationaux, notamment en ce qui concerne l'extension des zones maritimes où les juridictions islandaises s'estimaient compétentes à divers degrés. Dans une première zone, mer territoriale de 4 milles de profondeur, l'Islande exigeait une juridiction complète, la seconde zone, celle de 50 milles, étant déclarée zone de pêche nationale, tandis que la troisième, celle dite de la protection de l'environnement, était portée à 100 milles (contrôle et réglementation). À cette occasion, l'Islande s'est heurtée aux intérêts de plusieurs pays étrangers dont la Grande-Bretagne. Ce conflit international constitue, certes, un beau test pour observer jusqu'où pouvait aller l'esprit de solidarité des pays nordiques lorsque leurs intérêts ne sont pas communs.

Plus précisément, la Norvège s'opposait à cette extension unilatérale décrétée par l'Islande en mer du Nord, mais le désaccord quant à l'instauration de zones aussi étendues valait pour la mer Baltique et impliquait d'autres pays nordiques dont le Danemark surtout.

Par ailleurs, la Norvège bénéficiait de réductions tarifaires pour ses produits de pêche (accords commerciaux de 1972), à condition de ne pas étendre sa zone de pêche sans l'assentiment de la Communauté économique européenne, raison supplémentaire d'opposition à la thèse islandaise.

De plus, la Norvège s'opposait au transit sur son territoire des produits pêchés par les autres pays nordiques en mer du Nord.

On constate donc une absence totale de politique commune et l'impossibilité d'atteindre un minimum raisonnable en ce domaine aura été une des causes de l'échec de l'intégration économique, dite Nordek.

Replacé dans l'économie globale des cinq pays nordiques, le problème des pêcheries peut paraître très limité. Mais du point de vue de l'intégration des cinq, il aura eu des effets très négatifs, étant donné la nature conflictuelle des intérêts impliqués et la carence des institutions nordiques lesquelles auraient dû normalement apporter un minimum de solution de compromis.

Encore une fois la nature des enjeux était trop variable d'un pays à l'autre et l'absence d'une véritable politique économique explique largement comment ce problème n'a pas pu être replacé dans une politique d'ensemble.

En matière d'agriculture mais d'une façon beaucoup moins aiguë, on retrouve aussi un certain nombre d'opposition d'intérêts et de conceptions qui ne cadrent pas avec la rationalité et la logique des théoriciens.

En effet, à première vue, dans un marché commun nordique idéal, la division du travail exigerait que le Danemark, vu ses ressources agricoles, soit le principal fournisseur de produits agricoles pour les pays nordiques. Or, ces derniers se sont plus ou moins opposés à cette prétention pour diverses raisons. La Norvège, quant à elle, subventionnant fortement une agriculture relativement pauvre, axée sur de petites entreprises, pratique une politique protectionniste pour freiner un exode rural déjà très prononcé et éviter en même temps l'augmentation du chômage en ville. Ces préoccupations ne sont pas absentes en Suède, mais ici l'objectif est davantage à l'effet de pratiquer un minimum d'auto-subsistance, quel qu'en soit le prix économique. Cette politique découle des exigences de neutralité militaire telle que la Suède essaie de la pratiquer à des coûts extrêmement élevés d'ailleurs et dans un isolement relatif, par rapport aux autres pays nordiques. Pour la Norvège et la Suède on constate donc que les considérations d'ordre strictement économique ont cédé le pas à des préoccupations d'ordre social dans le premier cas et d'ordre surtout politique dans le second.

Ne trouvant pas un marché nordique capable d'absorber, au moins une partie substantielle de sa production agricole spécialisée, le Danemark a continué d'exporter la majeure partie de celle-ci vers certains pays de la C.E.E. (Grande-Bretagne surtout et ensuite Allemagne).

Certes, dira-t-on, il ne faut pas exagérer l'importance relative de l'agriculture dans l'économie danoise, où elle représente un peu moins du quart des exportations de ce pays, proportion qui tend encore à diminuer malgré la haute qualité de ses produits. Mais d'autre part, le secteur agricole revêt une importance capitale pour le pays en raison de son caractère fortement concurrentiel et de sa rentabilité en général.

À cela s'ajoutent les raisons d'ordre social évoquées plus haut: le Danemark, bien que beaucoup moins étendu que la Norvège, ne désire pas accroître davantage la concentration urbaine aux dépens de la périphérie rurale. Encore qu'ici le problème se pose en d'autres termes.

En conclusion, comme on le constate, la complémentarité qu'on croirait trouver à première vue, en ce qui concerne la production agricole, n'entraîne pas automatiquement l'ouverture d'un marché commun. En réalité, l'agriculture s'imbrique dans un ensemble très complexe où les considérations d'ordre économique au sens large, s'ajoutent aux préoccupations sociales et politiques.

Parmi les préoccupations économiques au sens large, il faut mentionner ici que l'on commence à développer une conception relativement nouvelle de ce que devrait être une véritable rentabilité économique. En ce sens, de plus en plus nombreux sont les responsables nordiques qui estiment qu'il faut maintenir un secteur agricole suffisamment développé pour sauvegarder un minimum d'équilibre écologique et démographique. Ce qui se traduit en fin de compte par des retombées utiles pour l'ensemble de l'économie.

Mais encore une fois, une préoccupation de ce genre, si légitime soit-elle, n'a pu s'intégrer dans une politique agricole commune et finalement le double secteur primaire, pêche et agriculture, aura été probablement une des principales pierres d'achoppement de l'intégration.

À cela s'ajoute l'échec retentissant de l'expérience « Nordek » qui, à elle seule, mériterait toute une étude car depuis lors, l'intégration économique des pays nordiques a été mise en veilleuse[13].

2. Faiblesse de l'intégration commerciale nordique

Dans la première partie de cette étude, nous avons souligné la faiblesse du commerce intranordique. Même si la part de ce dernier a augmenté depuis la Seconde Guerre mondiale, elle ne dépasse guère le quart du commerce global des cinq pays nordiques et semble plafonner[14].

De plus, la balance commerciale des cinq s'avère largement déficitaire. Ces quelques rappels nous permettent de toucher du doigt les points faibles de ces pays généralement fort industrialisés, pour lesquels le problème des exportations de produits manufacturés constitue une question vitale.

Au même titre d'ailleurs et dans une mesure comparable, on retrouve le même souci chez des petits pays transformateurs, tels que la Belgique, la Suisse, les Pays-Bas, dont la prospérité économique est liée très étroitement à la conjoncture économique mondiale et où on observe la même tendance à vouloir s'associer à des ensembles plus vastes en termes de marché.

Étant donné l'étroite imbrication des pays nordiques dans le commerce international et leur grande dépendance à l'égard de ce dernier, on se rend compte dès le départ de la quasi impossibilité qu'il y a à pratiquer une véritable politique commerciale nordique, d'autant plus qu'il s'agit souvent de produits très spécialisés et que les clientèles principales varient d'un pays nordique à l'autre.

L'échec précité de l'expérience Nordek est là à nouveau pour nous le rappeler. Quant à l'accroissement du commerce intra-

---

13. Voir notamment C. P. Nielssen, The Nordic and the Continental European Dimensions in Scandinavian Integration: Nordek as a Case Study, Cooperation and Conflict Review, 1971, p. 173-181.
     Pour une vue d'ensemble de cet échec partiel du régionalisme nordique voir Didier Rigault, « Les apports du régionalisme nordique et leur orientation face à l'Europe communautaire », thèse de doctorat, Faculté de Droit, Poitiers, 1973.
     Pour une autre approche, voir C. Wiklund, The zig-zag course of the Nordek negotiations, Scandinavian political Studies, 1970, p. 307-337.
14. Pour une étude de ce problème, voir la revue bi-annuelle, Nordic Economic Outlook, Stockholm, Swedish Industrial Publications, 1976 et 1978.

nordique réalisé au cours des 20 dernières années, mentionnons qu'il s'est fait principalement dans le cadre de l'Association européenne de libre Échange. Ainsi, en 1967, on a enregistré une suppression partielle des droits de douane respectifs applicables pour les produits industriels, ce qui favorisait surtout l'industrie suédoise, plus avancée dans certains domaines que les autres partenaires nordiques. En contrepartie, l'Islande et la Norvège obtenaient des conditions plus favorables pour leurs produits de pêche et le Danemark pour ses produits agricoles. Les cadres très souples de l'A.E.L.E. ont donc permis un minimum de politique libre-échangiste mais non une véritable politique commerciale. Les intérêts en jeu et la nature de cette organisation aux objectifs fort limités ne permettraient guère d'aller beaucoup plus loin.

Cette même carence a pu être observée lorsque le Danemark et la Norvège sont entrés en pourparler en vue de faire partie de la Communauté économique européenne. Les autres pays nordiques profitèrent de cette période de marchandages et de surenchère, pour négocier séparément des accords commerciaux (fort avantageux pour eux) avec le C.E.E. (1972).

Par contre et à juste titre, dans les publications officielles du Conseil nordique, on fait souvent état de la collaboration nordique dans les grandes organisations internationales. L'O.N.U. constitue l'exemple le plus typique, notamment en ce qui regarde les projets nordiques de coopération dans le domaine de l'assistance aux pays en voie de développement (voir, entre autres, les projets au Kenya et en Tanzanie). Pour en revenir au commerce, on y souligne aussi l'étroite collaboration qui existe en certaines circonstances pour obtenir des réductions tarifaires. Déjà, avant les négociations du «Kennedy round» (Gatt) en 1966-67, la Finlande, la Suède et la Norvège, qui sont trois grands exportateurs de produits à base de bois, avaient adopté une politique commune visant à assurer que ce type d'exportation jouisse d'un meilleur traitement lors des négociations précitées.

À cette occasion, les pays nordiques intéressés avaient décidé d'envoyer une délégation commune, chaque pays gardant cependant son droit de décision propre. Cette expérience constituait certes un pas important mais il s'agissait surtout de libéraliser davantage le commerce mondial, ce qui correspondait aux intérêts des pays nordiques, d'autant plus qu'ils se heurtaient à cette époque au barrage du tarif commun extérieur mis en place par les pays de la C.E.E. Rappelons que cette politique protectionniste avait pour conséquence d'accroître le déficit de la balance commerciale des pays nordiques, fort dépendante de ce marché pour certains de ses produits. Il est difficile d'évaluer les résultats ainsi obtenus à cette époque, ils semblent avoir été relativement positifs pour certains produits industriels pour lesquels les pays nordiques sont particulièrement concurrentiels (et spécialisés). Mais ils n'eurent aucun effet sur les produits des forêts, de l'agriculture et de la pêche.

Face au retour du protectionnisme enregistré depuis lors, les pays nordiques se retrouvent divisés quant aux politiques commerciales à adopter. Mais encore une fois ceci est la résultante permanente de leur imbrication dans un système international plus vaste et de la divergence de certains de leurs intérêts économiques, sociaux et politiques.

3. Limites de la coopération énergétique et industrielle

Jusqu'au début de ce siècle, faute de charbon, la principale ressource énergétique des pays nordiques était l'électricité fournie par ses barrages (surtout en Suède et Norvège).

Malgré quelques tentatives d'implantation plus au nord, la tendance à concentrer l'industrialisation dans les régions portuaires du sud se poursuit activement. Elle s'est accrue avec le développement de l'utilisation du pétrole venu suppléer au manque de chutes économiquement rentables. Ici comme au Québec, l'un des principaux problèmes résidait dans la construction de barrages dans des régions désertes et le transport à une grande distance de l'électricité ainsi produite. La circulation de cette source d'énergie se réalisait donc selon un axe nord-sud ou, plus exactement, des régions inhabitées vers la périphérie à forte densité de population, le même phénomène s'observant parallèlement, surtout en ce qui concerne la Norvège et la Suède[15]. En même temps, on constate qu'il y a des échanges d'électricité dans la direction est-ouest et vice-versa, en fonction des conditions géographiques des régions naturelles concernées. Plus au nord, ces derniers se font surtout entre la Norvège et la Suède d'une part et dans une mesure moindre (surtout depuis 1973) entre la Suède et la Fin-

---

15. Voir carte page 111, indiquant également les centres miniers et les centrales atomiques.

lande. À l'extrême sud, la circulation se fait à sens unique, de la Suède vers le Danemark, de la Norvège vers le Danemark.

Alors que l'axe nord-sud se retrouve essentiellement dans les limites d'un seul pays, l'axe est-ouest transcende les frontières de quatre pays nordiques.

Pour faciliter la solution des problèmes de production d'énergie électrique, un comité nordique, dénommé Nordel, a été créé[16]. Il est appelé à jouer un rôle important en matière de coopération dans ce domaine qui implique une partie importante des industries nordiques les plus modernisées. (Voir plus loin le rôle de Norsk Hydro.)

Le système d'approvisionnement en électricité des pays nordiques (sauf l'Islande), qui, collectivement, transmet depuis 1975 plus de 200 millions de MW se réalise via Nordel. Ce qui permet également de compenser une carence de production temporaire dans un pays, en faisant appel aux surplus d'énergie d'un autre.

Des études ont également été faites afin de trouver de nouvelles formes de coopération en matière énergétique. À cet effet, un comité nordique a été créé pour étudier les problèmes de l'utilisation de l'énergie atomique.

Mais ici, plus encore que dans les autres secteurs où l'on a relevé de grandes disparités en matière de développement, on constate la supériorité suédoise comparativement à ses partenaires nordiques, même si ces derniers occupent une place honorable dans ce domaine (voir carte avec implantation de centrales atomiques).

D'autre part, la Norvège a des chances de résoudre ses problèmes d'énergie sans avoir absolument besoin de la collaboration des autres pays nordiques. Sa première centrale atomique est le résultat d'une coopération où l'Euratom, l'Allemagne et la Grande-Bretagne notamment, ont joué le rôle principal. De plus, élément nouveau, la découverte et l'exploitation de pétrole et de gaz au large de ses côtes, sont destinées à avoir un impact considérable en matière de ressources énergétiques, entraînant aussi bien d'autres effets, déjà apparents dans ce pays.

---

16. Nordel, Mainossanomor Offset-Kolmio, 1976, p. 5 et 7.

Désormais, à court et à moyen termes, la Norvège occupera dans ce domaine une place dominante sur l'échiquier nordique, si du moins on fait abstraction de l'énergie atomique dont la production en quantité industrielle est d'ailleurs encore loin d'être véritablement commencée et ce, pour des raisons à peu près similaires à celles qui sont invoquées ici au Québec.

Dans cette course à l'énergie, la Norvège est forcée de recourir à la technologie de pays mieux équipés en matière d'exploitation pétrolière (la Grande-Bretagne, la France, les États-Unis notamment et accessoirement la Suède). C'est donc avec ces pays que la collaboration a tendance à se faire, les autres partenaires nordiques ne pouvant guère l'aider, du moins à ce stade-ci des opérations.

Et ici nous passons du problème de l'énergie à l'industrialisation.

Fait significatif à ce point de vue, c'est la plus grande entreprise norvégienne, Norsk Hydro, qui participe à la prospection, l'extraction, le raffinement et la vente des produits pétroliers. Au départ, elle ressemblait à l'Hydro-Québec en ce sens qu'elle avait été créée pour la production et le transport de l'énergie électrique. Mais cette entreprise s'est étendue aux produits chimiques (engrais, plastique, etc), devenant en même temps un grand producteur d'aluminium (grâce à l'électricité) et premier exportateur mondial de magnésium (utilisé pour les alliages de métaux).

Nous avons utilisé le cas moins connu de Norsk Hydro, parce qu'il montre l'extension que peut connaître une entreprise nationale quand elle contrôle un secteur important de l'énergie et peut étendre, tout en la diversifiant, ses secteurs de production[17].

Il illustre aussi la difficulté qu'il y a à réaliser une véritable coopération nordique en matière à la fois énergétique et industrielle. Dans ce dernier domaine surtout les autres pays nordiques n'occupent pas une place privilégiée comme Norsk Hydro. Ce type d'entreprise transcende les frontières régionales. En l'occurrence, Norsk Hydro prospecte au Colorado, au Canada, en Sicile, etc., la transformation de l'aluminium se fait dans d'autres pays tels que le Canada, la Belgique et cette société participe à la produc-

---

17.   Pour toute documentation, Norsk Hydro, Bugdoy allé, 2 Oslo-Norvège.

tion de produits chimiques au Quatar. Elle représente l'exemple type de concentration verticale et horizontale.

Le cas des grandes entreprises suédoises, Volvo et Saab, est mieux connu. Rappelons que Saab, producteur d'automobiles et de camions, fabrique également des avions à réaction et des ordinateurs.

Les dimensions réduites du marché et de la technologie nordique ne permettent pas non plus à ce genre d'entreprises d'établir une véritable politique industrielle nordique, d'autant plus qu'elles posent des problèmes fort différents, par rapport aux petites et moyennes entreprises. Or, ces dernières occupent encore une place fort importante dans tous les pays nordiques, sauf la Suède.

Les vœux, recommandations et rapports du Conseil nordique ne constituent même pas un embryon de politique industrielle dans les secteurs clef de la production industrielle, où la disparité joue encore en faveur de la Suède, bien que la Norvège soit en train de gagner de plus en plus de terrain.

Notons en passant quelques essais encore fort timides mais intéressant la coopération nordique: la création (en 1972) d'un Fonds nordique pour la Technologie et le Développement industriel (Nordtest) et la fondation en 1975 de la Banque nordique d'Investissement (siège à Helsinki). L'objet principal de cette dernière est de financer des investissements et des projets d'exportations d'intérêt nordique commun. Le capital souscrit s'élève actuellement à 464 millions de dollars, les contributions se répartissant comme suit: Danemark 22%, Finlande 16%, Islande 1%, Norvège 16% tandis que la Suède à elle seule apporte 45% du montant total. Selon les derniers rapports officiels, le montant prêté jusqu'ici atteint 83.5 millions de dollars pour des projets conjoints, dans le domaine de la production d'électricité et de l'industrie chimique notamment.

Pour terminer, notons un type de coopération industrielle particulier, celui impliquant des réductions dans la construction des navires. Mais cette politique de réduction des quotas pour les chantiers navals de Suède et de Norvège surtout s'est réalisée à l'échelle internationale, face à la surproduction japonaise entre autres.

Tous ces exemples nous montrent, une fois de plus, les dimensions multinationales et internationales que doit prendre la coopération industrielle nordique.

Les principaux obstacles à une politique industrielle découlent donc du fait que cette production est fort spécialisée et
dépend étroitement du marché international. En second lieu, les
grandes firmes multinationales (nordiques et étrangères) dominent
une économie où les petites et moyennes entreprises disposent
de moins d'atouts. En l'occurrence, ce que l'on qualifie de politique de coopération industrielle concerne surtout les grandes entreprises privées, spécialement dans certains secteurs (mécanique,
par exemple) où il existe un haut degré d'intégration de la production inter-compagnies des différents pays nordiques, par le biais
de la formation de succursales ou grâce à des octrois de sous-
contrats[18].

Dans cette perspective, le rôle de l'État dans ces pays dits
« sociaux-démocrates » est beaucoup moins important qu'on ne
serait porté à le croire et la coopération industrielle se fait en
empruntant d'autres canaux, dont les ramifications débordent largement les frontières nationales pour s'embrancher aux centres
vitaux de l'économie mondiale. Pour ces raisons et les autres
mentionnées dans toute cette étude, il est impossible de parler de
politique conjoncturelle, de politique monétaire commune[19] et a
fortiori d'union monétaire nordique.

---

18. Pour la Norvège voir, par exemple, A. Stonehill, Foreign Ownership in
    Norwegian Entreprises, Oslo, Statistisk Sentralbyra (studier no. 14), 1965.
19. Dans une lettre confirmant la teneur des entretiens que nous avons eus à
    Helsinki, Oslo, Copenhague, Stockholm, tant dans le monde universitaire que
    gouvernemental, un haut fonctionnaire, économiste au « Ministère Royal des
    Affaires Étrangères » de Suède, nous écrit: « Concernant la coopération moné-
    taire entre pays nordiques il n'est guère possible de faire une étude. En effet,
    il n'y a pas grand-chose à étudier », (lettre du 1/8/1977).

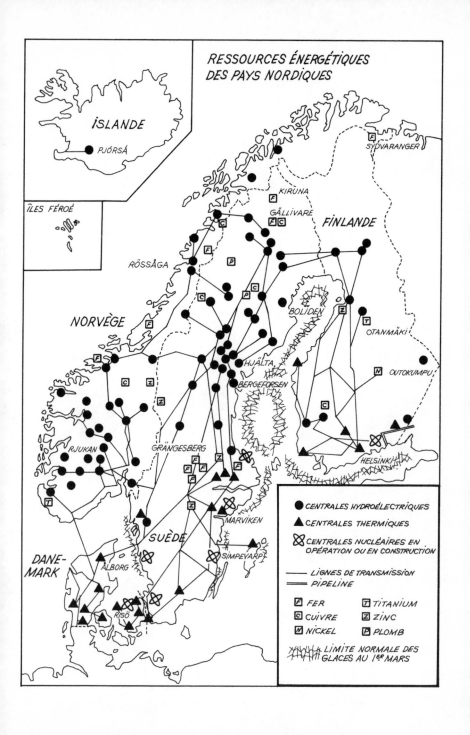

RESSOURCES ÉNERGÉTIQUES
DES PAYS NORDIQUES

ISLANDE

● PJÓRSÁ

ÎLES FÉROÉ

SYDVARANGER

KIRUNA

GÄLLIVARE

FINLANDE

RÖSSÅGA

NORVÈGE

BOLIDEN

OTANMÄKI

OUTOKUMPU

HJÄLTA

BERGEFORSEN

RJUKAN

GRÄNGESBERG

HELSINKI

MARVIKEN

SUÈDE

SIMPEVARP

DANE-MARK

ÅLBORG

RISÖ

● CENTRALES HYDROÉLECTRIQUES

▲ CENTRALES THERMIQUES

⊗ CENTRALES NUCLÉAIRES EN
   OPÉRATION OU EN CONSTRUCTION

— LIGNES DE TRANSMISSION

= PIPELINE

[F] FER   [T] TITANIUM

[C] CUIVRE   [Z] ZINC

[N] NICKEL   [P] PLOMB

⋀⋀⋀ LIMITE NORMALE DES
    GLACES AU 1ER MARS

Conclusion générale

Le titre de cet ouvrage concerne le Conseil nordique mais comme on a pu le constater, il s'agit d'une expérience plus vaste, celle des cinq pays nordiques dans leur tentative d'association ou d'intégration. Dans ce processus le Conseil nordique ne constitue qu'une superstructure venant coiffer un phénomène infiniment plus complexe que de simples institutions politiques.

Au sujet du Conseil nordique sensu stricto, c'est-à-dire dans ses dimensions purement institutionnelles, nous avons procédé à une analyse fonctionnelle sur laquelle nous ne désirons plus revenir. Les conclusions pratiques en ont été formulées à la fin de la deuxième partie.

Par contre, nous nous sentons irrésistiblement attirés par une plongée à la base de l'iceberg afin de nous faire une idée d'ensemble de cette infrastructure, certes moins visible que la partie émergente mais combien plus importante.

Pour nous guider dans cette exploration, au début de cette étude nous avons essayé, en tâtonnant un peu, de préciser quelques mini concepts nous permettant de situer provisoirement et globalement l'évolution des pays nordiques dans une relation exprimée en termes d'intégration. Et ce, avec toutes les insuffisances et ambiguïtés qui caractérisent les concepts de cette nature.

Très rapidement, nous avons été amenés à souligner l'importance considérable du facteur exogène dans ce processus d'intégration et aussi de désintégration.

Au terme de cette étude, on pourrait même se demander si finalement tout le développement observé ne repose pas en dernière analyse sur ce facteur.

Et ceci n'aurait rien d'étonnant, car jamais les sociétés n'ont connu un tel degré d'interdépendance dans quasi toutes les sphères de l'activité humaine. Constatation encore plus valable pour les petits pays industrialisés dont le développement dépend essentiellement de leurs relations avec les autres pays, surtout industrialisés. Ces relations s'expriment et s'articulent, comme on le sait, dans le cadre d'accords bilatéraux ou multilatéraux, au sein de grands ensembles économiques ou dans le cadre flexible d'organisations internationales au niveau le plus élevé.

À cet égard, il est révélateur de voir à quel point les pays nordiques (tout comme le Canada) soutiennent les organismes de coopération internationale. Spécialement ceux dont l'objectif est d'élaborer un minimum de politique économique internationale dans un monde continuellement menacé par le protectionnisme.

Voir par exemple:

— le Gatt dont l'un des objectifs avoués, on le rappelle, est précisément de libérer le commerce international du protectionnisme et du dirigisme;
— le F.M.I. (Fonds monétaire international) et la Banque mondiale avec leurs buts monétaires et financiers;
— l'O.N.U. dans ses efforts pour réaliser une coopération nord-sud;
— l'A.I.E. (Agence internationale de l'Énergie) concernée surtout par les problèmes de l'approvisionnement en matière énergétique;
— l'O.C.D.E., en relation avec la stabilisation de la conjoncture mondiale, etc.

Au niveau régional, l'interdépendance apparaît plus clairement encore car elle se traduit dans des output quantifiables, investissements, exportations, importations de biens et de services, etc., à la fois entre les pays nordiques et en direction d'autres pays fortement industrialisés.

Et c'est à ce niveau que le problème se pose véritablement. Il pourrait s'exprimer dans le dilemme suivant: l'intégration se fera-t-elle selon un axe horizontal est-ouest, c'est-à-dire entre les pays nordiques, ou se fera-t-elle selon un axe vertical (nord-sud) en direction du cœur du Marché commun européen?

En réalité, ce serait un faux dilemme car les deux axes se recoupent, le centre de gravité par contre se situe incontestablement au sud des pays nordiques.

La même question se pose au Québec et au reste du Canada dans leurs relations mutuelles et dans leurs rapports avec les États-Unis. Ici aussi on assiste à un phénomène d'attraction nord-sud qui semble quasi irrésistible, malgré les coups de frein appliqués périodiquement par le gouvernement central surtout.

Dans le cas des pays nordiques, pour en revenir à ceux-ci, cette force d'attraction est largement explicable à partir des théories générales sur les grands marchés, quels qu'en soient les avantages et inconvénients réels pour la population et certains secteurs de la production.

Fait certain, tous les pays nordiques désirent avoir accès sous une forme ou une autre aux avantages que présentent le Marché commun européen. Ce désir se traduit dans des accords d'association divers, voire même par l'entrée du Danemark au sein de la Communauté économique européenne. Seul un marché de cette ampleur peut permettre aux industries de transformations nordiques de produire en grande série et dans des secteurs spécialisés, coïncidant avec une division du travail plus rationnelle parce que correspondant davantage à la nature de leurs ressources.

Ce type d'industrialisation permet de réduire les frais de production et de distribution. Il entraîne la spécialisation de la main-d'œuvre, des cadres, du matériel, des équipements, des centres de recherches, etc [1].

Dans la logique d'une économie libérale, ce système devrait favoriser les consommateurs locaux. Il resterait cependant à voir dans quelle mesure les « sociétés multinationales » ne tendent pas en même temps à exercer un certain monopole dans plusieurs secteurs clef, avec les effets négatifs que cette situation pourrait entraîner, à plus ou moins long terme, sur les prix et la qualité des biens et des services offerts.

La puissance des dites « sociétés » est telle qu'elles sont les premières à bénéficier des avantages offerts par un grand marché, avec l'inconvénient grave qu'elles risquent de fausser ou de contrôler les règles du jeu.

Si bien qu'au lieu de rapports plus ou moins harmonieux d'État à État, on verrait se substituer une domination des petites et moyennes entreprises nationales par les grandes « sociétés multinationales ». Et ce, quelles que soient la localisation de leur siège social et la nationalité, si l'on peut dire, de leurs capitaux.

Pour les nordiques tout comme pour les Québécois, il s'avère donc fort important de savoir dans quelle mesure ils peuvent

---

1. Ces pays qui pendant longtemps ont été réduits à exporter essentiellement des matières premières (minerais, bois, etc.) traitent de plus en plus ces dernières sur place et en importent à leur tour pour les convertir en produits finis ou semi-finis.
    Dans plusieurs provinces canadiennes la présence de ressources énergétiques devrait permettre des développements similaires. Mais, au Québec on en est encore loin, surtout comparativement à la Suède, alors que les ressources naturelles y sont probablement supérieures à celle de tous les pays nordiques.

exercer un minimum de contrôle sur certaines entreprises d'envergure internationale.

Cette dernière constatation nous ramène à une dimension plus locale ou plus exactement nationale, que nous reprendrons plus loin car elle constitue une contrepartie ou une réaction face au phénomène de dépendance économique analysé plus haut.

Sur le plan politique, on retrouve d'autres limites à l'indépendance nationale ; elles se traduisent d'une manière parfois assez brutale, notamment dans le domaine de la sécurité. Nous avons vu comment le Danemark et la Norvège auraient préféré rester neutres mais la dure réalité de la guerre froide et les malheureuses expériences d'un passé encore très proche les a, en quelque sorte, forcés d'entrer dans l'O.T.A.N. pour éviter le pire. Plus évident encore, nous avons relevé le peu de marge pour manœuvrer laissé par Moscou à Helsinki dans le processus dit de finlandisation. Sous peine d'être accusé de « déstabiliser » le système de défense occidental (OTAN), un Québec indépendant ne pourrait guère non plus se retirer aisément de l'OTAN pour pratiquer une politique de neutralité véritable. Il s'avère extrêmement difficile de s'extirper d'une alliance telle que l'OTAN dans un monde éprouvant un degré de polarisation très poussé.

Même un pays avec un potentiel aussi remarquable que la France éprouve d'énormes difficultés, quand il s'agit de pratiquer une politique de semi-indépendance à l'intérieur de ce cadre dont les contraintes ont également des effets politiques et économiques.

Que dire alors de petites puissances telles que la Norvège et le Danemark dans leur relation avec l'OTAN ? Ce lien n'est d'ailleurs pas plus astreignant que celui qui lie la Finlande à l'URSS dans les traités dits d'amitié réciproque.

Cette dépendance d'ordre politico-militaire est d'autant plus forte que dans le cas de la Norvège, l'Islande et le Danemark, elle se double d'une dépendance économique à l'égard de la C.E.E., dont les partenaires sont également membres de l'OTAN. On connaît en outre l'influence considérable qu'exercent les États-Unis sur la majorité des membres de la C.E.E. et de l'OTAN.

*   *   *

Du rapport souveraineté-association nous avons donc surtout souligné jusqu'ici l'aspect non souveraineté ou dépendance, qui pourrait aussi se traduire dans l'expression « association plus ou moins forcée » avec d'autres partenaires que les pays nordiques.

Et c'est précisément contre certains aspects négatifs de ce type de dépendance ou d'association que réagissent, à divers degrés, les pays nordiques, en tentant de se regrouper sur une base de repli devant leur permettre de sauvegarder un minimum d'indépendance nationale.

Car finalement en cette matière tout est question de degré. Certes la plupart des observateurs un peu avertis sont d'accord pour constater que la souveraineté ou indépendance totale constitue un mythe. Mais entre l'asservissement du colonialisme (ou du néo-colonialisme) et l'indépendance complète, il y a des degrés et des marges de manœuvre d'une importance capitale pour la survie des peuples soucieux de préserver un minimum vital d'identité et de personnalité nationale.

À un besoin d'ouverture à la fois libre et forcé vers l'extérieur, répond le besoin, tout aussi fondamental, de protéger ses propres racines, sa langue, sa culture, sa civilisation, en même temps que ses intérêts économiques spécifiques. Ce dernier besoin et les mouvements qu'il entraîne ne représentent pas tant un phénomène de repli que de retour à la base et consolidation de celle-ci en vue d'un équilibre plus stable.

C'est donc dans ce double mouvement d'ouverture et de repli qu'il faut situer la souveraineté-association des pays nordiques. Vue dans la perspective cette fois des relations des pays nordiques entre eux, ce mouvement dialectique nous apparaît extrêmement clair sur un point au moins: chacun des cinq pays nordiques entend garder sa souveraineté politique et refuse toute forme de gouvernement supranational nordique. On l'a souligné plusieurs fois, des pays tels que la Norvège et la Finlande ne désirent nullement subir d'autres formes, même atténuées, d'hégémonie. L'hégémonie suédoise s'est traduite de façon beaucoup plus tangible sur le plan politique au cours des siècles antérieurs mais de nos jours encore, une certaine disparité économique régionale joue encore partiellement en faveur de ce pays. Et ce phénomène, associé à ce qui précède en terme de « reliquat psychologique », suffit à entretenir des réticences sérieuses à l'égard de ce pays. Par analogie on serait enclin à penser à l'Ontario et à la polarisation qu'il a exercée au sein du Canada à la fois dans les domaines politique et économique, trop souvent aux dépens de la périphérie ou d'autres provinces moins favorisées.

C'est d'ailleurs un phénomène qu'on retrouve dans beaucoup de pays ou de régions. Et ce sont presque toujours ceux qui profitent le plus de ce type d'association qui en sont les plus ardents défenseurs. Dans le cas de l'association des cinq pays nordiques, la Suède ne fait donc pas exception.

Ce souci d'indépendance des pays nordiques assigne donc des bornes à ne pas dépasser. Et à ce point de vue l'organisation du Conseil nordique est très significative, elle montre à quel point chaque pays garde son pouvoir de décision et rejette toute forme de pression un peu directe. La souplesse de cette superstructure et son caractère absolument non coercitif constitue un autre indicateur de cet état d'esprit.

Par rapport à la Fédération canadienne actuelle, l'expérience nordique constitue une anti-thèse car elle rejette catégoriquement toute forme de gouvernement central. Si l'on devait absolument effectuer une classification selon la nomenclature classique, on l'appellerait plutôt une confédération d'États. Et ceci explique aussi les limites des réalisations de ce type d'association. Car le souci de l'intérêt national, si légitime soit-il, peut aussi parfois freiner ou paralyser des réalisations communes dont les effets, à plus ou moins long terme, seraient bénéfiques pour l'ensemble des communautés nationales. À ce point de vue, l'échec d'un marché commun nordique (Nordek) est lui aussi fort significatif. Certes les facteurs exogènes ont largement contribué à cette faillite mais à ceux-ci, il faudrait ajouter des considérations d'ordre national qui, vues avec un peu de recul, ne paraissent pas toujours clairement justifiées.

Cette expérience a été un révélateur des divisions opposant les pays nordiques, tout comme d'ailleurs les péripéties de l'entrée du Danemark au sein de la Communauté économique européenne. Désormais, même en matière de négociation tarifaire, on peut s'attendre à ce que chaque État nordique agisse comme entité séparée. Et c'est un recul par rapport au passé[2].

* * *

Dans cette rétrospective des deux volets souveraineté-association, nous avons au passage souligné les limites et certaines

---

2.   Voir Kleppe, The Role of the Nordic Countries in European Cooperation, Stockholm, Nordisk Udredningsserie, 19/1973, p. 22.

faiblesses au niveau des réalisations. Il s'agirait maintenant de résumer un peu le bilan par un prolongement des aspects négatifs tout d'abord.

Dans la première partie, on a vu comment la majorité des exportations et des importations se faisaient avec la C.E.E., le commerce intranordique n'absorbant qu'à peine un quart de la production des cinq. Quant à l'augmentation de ce commerce intra-nordique, il a pu se réaliser grâce à l'A.E.L.E. dont le protagoniste, la Grande-Bretagne, est maintenant entré dans l'organisation rivale: la Communauté économique européenne. Il est certain que ce coup porté à l'A.E.L.E. a entraîné des répercussions sur l'association des pays nordiques qui avaient trouvé en cette organisation un instrument souple et valable malgré ses limites.

En matière de coopération énergétique et industrielle, nous avons essayé de montrer comment l'axe de développement se déplace vers le Sud et comment dans la relation nordique (est-ouest), l'inégalité des ressources et des degrés de développement constitue un obstacle sérieux à une intégration nordique.

À ce point de vue le rôle dominant de certaines grandes sociétés industrielles mérite à nouveau d'être signalé car l'on ne peut pas considérer comme une intégration digne de ce nom, le fait que ces dernières créent des succursales dans les pays nordiques voisins ou accordent des contrats de « sous-traitance » aux petites et moyennes entreprises locales.

Quand on considère l'étendue des pouvoirs des firmes multi-nationales (surtout américaines, allemandes, anglaises et suédoises) dans ces pays, il n'est pas étonnant que les gouvernements dits socialistes ne soient pas parvenus à réaliser un minimum de planification et d'intégration nordiques, dans des domaines aussi vitaux que la politique énergétique et industrielle.

Par analogie on pense notamment au rôle des firmes américaines ici au Québec et à leur intermédiaire ontarien.

Malgré toutes ces réserves, il n'empêche que les gouvernements nordiques (notamment en Suède et en Norvège), appuyés sur les entreprises nationales, ont acquis un minimum de contrôle que les gouvernements successifs du Québec sont encore loin d'avoir atteint pour des raisons que nous n'avons pas à étudier ici. La situation n'est d'ailleurs pas meilleure à ce point de vue dans la plupart des autres provinces, le rôle du gouvernement canadien étant quant à lui, ambigü et très difficile à définir dans une comparaison de ce genre, étant donné les différents niveaux de gouvernement impliqués.

Parmi les échecs les plus nets de l'intégration nordique, rappelons également ceux de l'agriculture et de la pêche. Ces deux secteurs revêtent une importance de plus en plus faible pour l'économie des pays nordiques, dans la mesure où ceux-ci s'industrialisent de plus en plus mais ils ont néanmoins constitué une pierre d'achoppement dans les rapports avec la Norvège (agriculture) et l'Islande (pêche).

Dans ces conditions, on ne voit guère comment on pourrait parler de politique conjoncturelle ou de politique monétaire. L'absence d'intégration dans ces deux domaines découle automatiquement des prémisses négatives précitées.

Ce n'est donc pas dans cette région qu'il faudra chercher un modèle d'union monétaire.

Quant à l'union douanière, sans aller jusqu'à adapter un tarif commun extérieur, elle représente une réalité pour une majorité de produits industriels échangés entre les pays nordiques. Et cela représente un grand progrès pour ces petits pays ayant une vocation de plus en plus affirmée pour les industries de transformation.

Puisque nous sommes passés aux réalisations positives, rappelons combien l'harmonisation des législations nordiques a été poussée, tout en soulignant les limites, chaque État restant maître de ses décisions et des applications. Ce genre de réalisation contribue néanmoins à forger un instrument juridique précieux quand on veut tenter d'amorcer un minimum d'association économique et politique.

Autre réalisation spectaculaire à première vue, l'intégration accélérée du marché du travail permettant une meilleure circulation des travailleurs mais avec quelques inconvénients pratiques découlant de la disparité des développements économiques régionaux. La souplesse des institutions chargées de l'application tend, semble-t-il, à réduire la portée des facteurs négatifs signalés un peu plus haut.

Liée au marché du travail, il y a également la sécurité sociale. Dans ce domaine, on tend à une quasi totale égalité des citoyens nordiques devant les avantages offerts par les différents systèmes de sécurité sociale de chaque pays. Quand on considère l'étendue et la qualité des services impliqués, on ne peut s'empêcher d'y voir un progrès considérable.

En ce qui concerne les transports et les communications, nous avons relevé un certain nombre de réalisations dont beaucoup s'effectuent sur une base bilatérale, voire trilatérale (exemple la S.A.S.). À cette occasion, on a à nouveau souligné l'attraction exercée par la C.E.E., point de départ et d'arrivée d'une partie de plus en plus importante des réalisations dans ces matières[3].

Sur le plan culturel on observe une volonté constante de maintenir une identité nationale en renforçant notamment les langues principales du pays mais parallèlement on a vu se développer tout un réseau de relations culturelles internordiques extrêmement dense, résultats des efforts des organisations privées et publiques.

Ce comportement s'explique par cette volonté de retour aux sources communes et en même temps il constitue une sorte de réflexe conditionné par les menaces d'absorption que représente la C.E.E. tant sur le plan économique que culturel.

Tout en voulant s'ouvrir sur l'extérieur et profiter des avantages économiques et culturels de la C.E.E., les pays nordiques désirent se protéger contre un investissement culturel de l'extérieur. Et sur ce terrain, ils luttent tantôt seuls, tantôt en collaboration avec leurs voisins du Nord, les efforts de cette collaboration se concentrant dans le domaine de l'éducation et des média d'information. Le fait que la C.E.E. soit elle-même divisée en plusieurs grandes régions linguistiques et culturelles, favorise cependant davantage le pluralisme. Et à ce point de vue les dangers d'assimilation linguistique et culturelle sont beaucoup moins grands que ceux qui guettent le Québec et surtout les autres provinces canadiennes face au « melting pot » des États-Unis, puissance unilingue dont la force d'attraction quasi mécanique n'en est que plus grande et à sens unique.

* * *

---

3. Pour une vue générale récente des réalisations et de la force d'attraction de la C.E.E., voir notamment W. Haferkamp, « Chances et risques de la C.E.E. à douze », Bonn, La Tribune d'Allemagne, Sélection: politique, novembre 1977, no. 31, p. 1-6.

Un modèle de souveraineté-association de ce genre serait évidemment difficilement transposable au Canada actuel. Au cours de ces conclusions nous avons pu cependant constater que les cinq pays nordiques connaissaient de nombreux problèmes comparables mutatis mutandis à ceux que connaissent le Québec et le Canada dans leurs relations est-ouest et nord-sud. Dans cette région-ci du monde également, il existe une force d'attraction vers le Sud qui risque de désintégrer une « association » qui n'a d'ailleurs jamais été vraiment équilibrée sur le plan interne. Ce qui explique d'ailleurs la crise actuelle.

Si l'on voulait appliquer les éléments essentiels de l'expérience nordique, il faudrait faire d'abord porter l'accent essentiellement sur les relations entre provinces, ces dernières étant regroupées de façon à comporter un meilleur potentiel humain et économique. Mais au départ, la pierre d'achoppement réside dans la présence d'un gouvernement fédéral relativement centralisé qui devrait perdre la plus grande partie de ses pouvoirs au profit des États membres.

Quel que soit le type de réorganisation à effectuer au niveau des autres provinces canadiennes, un modèle de ce genre exigerait comme prérequis la souveraineté politique du Québec. Ce dernier ne s'associant avec les autres partenaires que sur une base d'égalité et sans la contrainte d'un organisme supranational. Il est évident que de tels changements n'auraient rien de commun avec les réformes traditionnelles que l'on pourrait imaginer dans le cadre d'un fédéralisme classique. Pareille expérience impliquerait donc des transformations profondes non seulement au niveau des institutions mais plus encore dans les « structures mentales » des participants.

Dans tout changement rapide et profond, il y a des choix difficiles à effectuer mais le fait de reconnaître l'existence de deux « nations fondatrices » devrait constituer le point de départ d'une réorganisation sur une toute autre base que celle de l'A.A.N.B. de 1867. Et il reste terriblement peu de temps pour trouver des solutions satisfaisantes.

Un peu avant le referendum de 1905, exigé par la Suède pour savoir si le peuple de Norvège approuvait la séparation, Björnson (prix Nobel) déclarait alors qu'étant donné l'impossibilité de réaliser une véritable égalité entre les deux pays membres de l'Union, il valait mieux dissoudre celle-ci. Mais, ajoutait-il, cette dissolution devait se faire à l'amiable et sans violence, quitte à s'associer à nouveau mais cette fois sur une toute autre base.

Si les Suédois pouvaient en ce moment voir dans notre cœur et nous comprendre, ils se rendraient compte que rien dans la sensibilité norvégienne n'a de racines aussi profondes que l'acte que nous allons accomplir. Ils constateraient que nous ne nourrissons contre eux aucun ressentiment. Bien au contraire, c'est après cet acte que nous serons amis[4].

À l'époque ce langage pouvait sembler un peu naïf, mais l'histoire devait lui donner en grande partie raison et la Norvège a connu depuis lors un développement remarquable dans tous les domaines. Qu'il y ait eu une certaine corrélation entre cette expansion et le désengagement de l'emprise suédois, peu de Norvégiens le nieront bien qu'une démonstration objective serait souhaitable.

Nous ne prétendons nullement dans le cadre de ces conclusions offrir un modèle précis et présenter des solutions toutes faites dans une matière aussi complexe, mais il y a cependant un point particulier que nous voudrions souligner avant de terminer.

Le fait qu'un pays comme la Norvège (comparable à bien des égards au Québec[5] et avec un potentiel moindre) ait réussi une telle opération de désengagement pour procéder ensuite à une réintégration, sous une forme nouvelle et bénéfique pour lui, devrait faire réfléchir davantage ceux qui ont trop tendance à se réfugier dans le blockhaus du statu quo, alors que l'avenir appartient à ceux qui sauront se montrer suffisamment mobiles et créateurs à une époque caractérisée par le changement et les mutations. Ceci aussi fait partie de l'adaptation et de la lutte pour la survie des communautés humaines.

---

4. Björnson, *Au-delà des Forces*, Bruges, Ste-Catherine, Collection des Prix Nobel de littérature, 1968, p. 52.

5. Signalons pour terminer le livre de L. N. Tellier, Le Québec États nordique, Montréal, Éditions des Quinze, 1977. Cet ouvrage préconise entre autres un rapprochement entre le Québec et les pays nordiques, idée qui mériterait d'être approfondie mais que nous n'avons pas abordée dans notre étude. Sur les récents développements des rapports C.E.E. — Pays nordiques, voir le numéro spécial du Journal of European Integration/Revue d'intégration européenne, Vol II n° 1, 1978. Les collaborateurs sont: N. Orvik G Von Bonsdorff, L. Norman, E. Bjol, E. Orban.

Annexes

Le Danemark

Superficie: 43.000 km²; 75% consacrés à l'agriculture et à l'horticulture, 10% de bois, 5% de landes, de dunes et de lacs. Tout le Danemark est un pays plat, dont la surface a été modelée à l'époque glaciaire par les glaciers et les fleuves qui en sortaient; point culminant: Yding Skovhøj, 173 m. *Population*: 5.065.000 hab., 107 au km². *Régime*: monarchie. *Capitale*: Copenhague (København), 1.300.000 hab. *Occupation*: moins de 20% dans l'agriculture et la pêche, env. 35% dans l'industrie. *Produits principaux*: produits agricoles, bateaux, machines, autres produits de l'industrie.

Les îles Féroé (Føroyar) (Océan Atlantique). *Superficie*: 1.400 km². *Population*: 35.000 hab., 25 au km². *Régime*: territoire du royaume de Danemark, partiellement autonome. *Capitale*: Torshavn, 7.500 hab. *Occupation*: principalement la pêche. *Produits principaux*: morue (morue salée), autres poissons, produits de la pêche.

Le Groenland (Grønland). *Superficie*: 2.176.000 km² (la plus grande île du globe), dont 341.700 km² libres de glaces. *Population*: 36.000 hab., 0,1 par km². *Régime*: un amt du Danemark. *Capitale*: Godthaab, 4.000 hab. *Occupation*: principalement la pêche. *Produits principaux*: le poisson et les produits de la pêche, les peaux.

La Finlande

Superficie: 337.000 km²; 8% de terres cultivées, 71% de forêts, 10% de lacs. Principalement un pays plat couvert de rochers, dans les régions côtières pays de plaines fertiles, qui est un fond de mer surhaussé; point culminant: Haltiatunturi, 1.324 m. *Population*: 4.702.000 hab., 15 au km². *Régime*: république. *Capitale*: Helsinki, 518.000 hab. *Occupations*: 32% dans l'agriculture et la sylviculture, 30% dans l'industrie. *Produits principaux*: le bois, le papier, la cellulose, les machines, les produits métallurgiques, les bateaux, le beurre et le fromage.

La Norvège

Superficie: 324.000 km²; 2,5% de champs, 0,5% de prairies, 22% de forêts, 75% incultes. Pour la plus grande partie, pays de montagne, quelques régions de plaines, beaucoup de fjords profonds et quelques grands glaciers; point culminant: Galdhøpiggen, 2.468 m. *Population*: 4.017.000 hab., 11 au km². *Régime:* monarchie. *Capitale*: Oslo, 506.000 hab. *Occupation*: 26% dans l'agriculture et la pêche, 37% dans l'industrie.

Produits principaux: le poisson, l'huile de baleine, les métaux, les produits de la préparation et de l'utilisation du bois, les produits chimiques.

Svalbard/Jan Mayen (Océan Atlantique). *Superficie*: 62.000 km². *Population*: 3.000 hab., 0,05 au km². *Régime*: souveraineté norvégienne. *Occupation*: exploitation minière. *Produits principaux*: charbon.

L'Islande

Superficie: 103.000 km² (la seconde île d'Europe); 1% de champs, 19% de prairies, 1% de bois. Elle constitue principalement un haut plateau formé par les volcans, avec plusieurs grands glaciers; point culminant: Oræfajökull, 2.119 m. *Population*: 200.000 hab., 2 au km². *Régime*: république. *Capitale*: Reykjavik, 75.000 hab. *Occupation*: 46% dans l'agriculture et la pêche, 22% dans l'industrie. *Produits principaux*: le poisson (spécialement le hareng et la morue) et les produits de la pêche.

La Suède

Superficie: 450.000 km²; 8% de cultures, 2% de prairies, 54% de forêts, 9% de lacs, 27% de montagnes etc. Pour la plus grande partie, pays peu élevé de montagnes, en quelques endroits fond de mer surhaussé; point culminant: Kebnekaise, 2.117 m. *Population*: 8.208.000 hab., 17 au km². *Régime*: monarchie. *Capitale*: Stockholm, 1.100.000 hab. *Occupation*: 13% dans l'agriculture et la pêche, 42% dans l'industrie. *Produits principaux*: le bois, le papier, l'acier, les machines.

Traité de coopération entre le Danemark, la Finlande, l'Islande, la Norvège et la Suède

(entré en vigueur le 1ᵉʳ juillet 1962)

Les Gouvernements du Danemark, de la Finlande, de l'Islande, de la Norvège et de la Suède,
● déterminés à favoriser l'étroite communauté de conceptions qui existe entre les peuples nordiques sur le plan culturel, légal et social, et à développer encore la coopération des pays nordiques,
● désireux de créer dans les pays nordiques des règles uniformes à autant d'égards que possible,
● déterminés à établir dans tous les domaines où les conditions le permettent une répartition du travail appropriée entre leurs pays,

- déterminés à poursuivre la coopération dont ils reconnaissent l'importance pour leurs pays, tant au sein du Conseil Nordique que dans d'autres organes de coopération,
- sont convenus des dispositions suivantes.

Disposition liminaire

Article premier
Les Parties Contractantes s'efforceront de maintenir et de développer la coopération qui existe déjà entre leurs pays dans le domaine législatif, culturel, social et économique ainsi que dans celui des communications.

Coopération législative

Article 2
Les Parties Contractantes poursuivront leurs efforts afin qu'il y ait dans la plus large mesure possible égalité en droits entre le ressortissant d'un pays nordique résidant dans un pays nordique autre que le sien et le ressortissant du pays où il réside.

Article 3
Les Parties Contractantes chercheront à faciliter au ressortissant d'un pays nordique l'acquisition de la nationalité d'un autre pays nordique.

Article 4
Les Parties Contractantes poursuivront leur coopération en matière législative afin d'établir la plus grande uniformité possible dans le domaine du droit privé.

Article 5
Les Parties Contractantes s'efforceront d'établir des dispositions uniformes en ce qui concerne les infractions et les mesures judiciaires et pénales prévues par la loi.
L'enquête et les poursuites judiciaires portant sur une infraction commise dans un pays nordique devront, dans la plus large mesure possible, pouvoir s'effectuer également dans tout autre pays nordique.

Article 6
Les Parties Contractantes s'efforceront de coordonner toute législation autre que celle mentionnée ci-dessus, dans les domaines où cela semble approprié.

Article 7
Chaque Partie Contractante s'emploiera à créer et appliquer des règles permettant l'exécution sur son territoire des arrêts et décisions des tribunaux ou autres autorités d'un pays nordique.

Coopération culturelle

Article 8

Dans chacun des pays nordiques, l'enseignement et la formation donnés dans les écoles comporteront, dans une mesure appropriée, l'enseignement des langues des autres pays nordiques ainsi que de leur culture et de leurs conditions et structures sociales générales.

Article 9

Chaque Partie Contractante devra maintenir et développer les possibilités qu'ont actuellement les étudiants d'un autre pays nordique de poursuivre leurs études et de passer leurs examens dans ses centres d'enseignement. L'étudiant qui a passé dans un pays nordique une épreuve constituant l'un des éléments nécessaires à l'obtention d'un diplôme devra également pouvoir en garder le bénéfice, dans la plus large mesure possible, pour obtenir ce diplôme dans un autre pays nordique.

L'aide économique accordée à un étudiant par son pays d'origine devra pouvoir lui être versée, quel que soit le pays nordique où il poursuit ses études.

Article 10

Les Parties Contractantes devront coordonner ce qui, dans la formation professionnelle publique, donne accès à l'exercice de certaines professions.

Une formation de l'espèce doit autant que possible donner accès à l'exercice des mêmes professions dans tous les pays nordiques. Une forme d'enseignement complémentaire pourra cependant être requise lorsque les conditions nationales l'exigent.

Article 11

Dans les domaines où une coopération paraît utile, le développement des centres d'enseignement devra s'effectuer de façon coordonnée grâce à une coopération ininterrompue tant à l'égard des plans à établir qu'à celui de leur réalisation.

Article 12

La coopération dans le domaine de la recherche scientifique devra être organisée de façon à ce que les crédits disponibles et toute autre ressource soient coordonnés et à ce qu'il en soit fait le meilleur usage possible, entre autres par la création d'institutions communes.

Article 13

Afin de servir utilement et de renforcer l'évolution culturelle, les Parties Contractantes encourageront l'instruction populaire nordique non obligatoire ainsi que les échanges dans le domaine de la littérature, des arts, de la musique, du théâtre, du film et autres domaines culturels, veillant à cet égard à ce que les possibilités offertes entre autres par la radiodiffusion et la télévision soient mises à profit.

Coopération sociale

Article 14
Les Parties Contractantes s'efforceront de maintenir et de promouvoir le marché du travail nordique commun selon les grandes lignes tracées par les conventions antérieures. Les activités des organismes de placement et de l'orientation professionnelle seront coordonnées. Les échanges de stagiaires se feront librement.
Les Paries devront s'efforcer d'établir des législations nationales uniformes dans le domaine de la protection ouvrière et autres questions analogues.

Article 15
Les Parties Contractantes s'emploieront à créer les conditions permettant à un ressortissant d'un pays nordique résidant dans un autre pays nordique de bénéficier dans la mesure du possible des avantages sociaux auxquels ont droit les ressortissants du pays où il réside.

Article 16
Les Parties Contractantes développeront la coopération qui existe déjà dans le domaine des services sanitaires et médicaux, de la lutte contre l'alcoolisme ainsi que dans celui de la protection de l'enfance et de la jeunesse.

Article 17
Chaque Partie Contractante s'emploiera à faire effectuer les contrôles médicaux, techniques ou autres contrôles de sécurité analogues de telle façon que les attestations ou certificats portant sur le contrôle soient valables dans les autres pays nordiques.

Coopération économique

Article 18
Les Parties Contractantes, dans le but d'encourager la coopération économique nordique dans différents domaines, se consulteront en matière de politique économique. À cet égard, elles porteront leur attention sur toute possibilité de coordination des mesures à prendre pour compenser les effets des fluctuations de la conjoncture.

Article 19
Les Parties Contractantes se proposent d'encourager dans la mesure du possible la coopération dans le domaine de la production et des investissements entre leurs pays, cherchant à cet égard à créer des conditions qui permettent une coopération directe entre les entreprises de plusieurs pays nordiques. Les Parties Contractantes devront s'efforcer, en vue d'une plus vaste coopération internationale, d'établir une répartition appropriée du travail en matière de production et d'investissements.

Article 20
Les Parties Contractantes s'emploieront à libérer le plus possible les mouvements de capitaux entre les pays nordiques. S'agissant d'autres questions relatives aux paiements et aux devises qui présentent un intérêt collectif, les Parties Contractantes s'efforceront de trouver des solutions communes.

Article 21
Les Parties Contractantes s'efforceront de renforcer la coopération déjà engagée en vue d'éliminer les obstacles commerciaux entre les pays nordiques ainsi que d'affermir et de développer le plus possible cette coopération.

Article 22
Dans le domaine des questions de politique commerciale internationale, les Parties Contractantes s'efforceront, tant individuellement que conjointement, d'agir pour le bien des intérêts nordiques et elles se consulteront à cette fin.

Article 23
Les Parties Contractantes s'emploieront à coordonner les règles douanières d'ordre technique ou administratif et à procéder en matière de douane à des simplifications propres à faciliter les échanges entre leurs pays.

Article 24
Les dispositions réglant le commerce frontalier des pays seront conçues de façon à créer le moins d'inconvénients possible aux habitants de ces régions.

Article 25
Lorsque le besoin de développer économiquement certaines régions adjacentes de plusieurs pays Parties au présent Traité, et que les conditions de ce développement sont réunies, ces Parties chercheront à le faciliter.

Coopération dans le domaine des communications

Article 26
Les Parties Contractantes s'efforceront de renforcer la coopération déjà engagée dans le domaine des communications, et chercheront à développer cette collaboration en vue de faciliter les relations et les échanges entre leurs pays et d'obtenir une solution appropriée aux problèmes qui pourraient se poser dans ce domaine.

Article 27
La construction de toute voie de communication intéressant les territoires de plusieurs Parties Contractantes aura lieu en accord avec ces Parties.

Article 28
Les Parties Contractantes chercheront à maintenir et à développer la coopération qui a mené à ce que leurs territoires constituent une zone

de contrôle des passeports. Tout autre contrôle des voyageurs traversant les frontières des pays nordiques devra aussi être simplifié et coordonné.

Article 29
Les Parties Contractantes coordonneront leurs efforts pour accroître la sécurité de la circulation.

Autres domaines de coopération

Article 30
Les Parties Contractantes devront dans les cas où cela est possible et opportun se consulter sur les questions d'intérêt commun traitées dans le cadre des organisations et des conférences internationales.

Article 31
Le titulaire d'un emploi relevant de la représentation à l'étranger d'une des Parties Contractantes qui est en poste hors des pays nordiques prêtera assistance, dans la mesure où cela est compatible avec ses fonctions et où cela ne soulève pas d'objection de la part du pays où il est en poste, à tout ressortissant d'un autre pays nordique au cas où celui-ci n'y serait pas représenté.

Article 32
Les Parties Contractantes devront, chaque fois que cela semblera possible et opportun, coordonner leurs actions d'aide et de coopération aux pays en voie de développement.

Article 33
Des mesures visant à faire connaître les pays nordiques et leur coopération devront être prises, une étroite collaboration s'établissant entre les Parties Contractantes et leurs organes d'information pour l'étranger. Lorsque cela semblera opportun, des actions collectives pourront être envisagées.

Article 34
Les Parties Contractantes s'efforceront de coordonner les statistiques publiques de différente nature.

Formes de la coopération nordique

Article 35
Afin d'atteindre les buts énoncés au présent Traité, les Parties Contractantes se consulteront de façon continue et prendront au besoin des mesures de coordination.
Cette coopération s'effectuera comme jusqu'ici dans le cadre de rencontres ministérielles, au sein du Conseil Nordique et de ses organes conformément aux lignes tracées dans la charte du Conseil, par des organes de coordination particuliers ou par la voie des autorités compétentes.

Article 36
Le Conseil Nordique devra avoir l'occasion de se prononcer sur les questions de coopération nordique qui ont une incidence sur les principes, lorsque le temps le permet.

Article 37
Toute disposition adoptée qui a été élaborée de concert par certaines Parties Contractantes ne pourra être modifiée que si les autres Parties Contractantes en ont été informées. Cette information ne sera toutefois pas nécessaire en cas d'urgence ou quand il s'agira d'une disposition de moindre importance.

Article 38
Les autorités des pays nordiques peuvent communiquer directement entre elles dans toutes les affaires autres que celles qui par leur nature ou pour d'autres raisons doivent être traitées par voie diplomatique.

Dispositions finales

Article 39
Le présent Traité sera ratifié et les instruments de ratification déposés dans les plus brefs délais auprès du Ministère des Affaires Étrangères de Finlande.
Le Traité entrera en vigueur le premier du mois qui suivra le jour où les instruments de ratification de toutes les Parties Contractantes auront été déposés.

Article 40
Toute Partie Contractante qui désirerait dénoncer le Traité devra en informer par écrit le Gouvernement finlandais, lequel aura à notifier immédiatement aux Parties Contractantes cette intention ainsi que la date à laquelle la communication a été reçue.
La dénonciation produira ses effets uniquement dans le pays qui l'aura effectuée, six mois après le premier du mois qui suit celui où le Gouvernement finlandais a reçu le préavis.
Le présent Traité sera déposé auprès du Ministère des Affaires Étrangères de Finlande qui en communiquera une copie certifiée conforme à toutes les Parties Contractantes.
En foi de quoi, les Plénipotentiaires soussignés, dûment habilités, ont apposé leurs signatures au bas du présent Traité.
Fait à Helsinki, le vingt-trois mars mil neuf cent soixante-deux, en un seul exemplaire, dans les langues danoise, finlandaise, islandaise, norvégienne et suédoise, les cinq textes faisant également foi.
(Entré en vigueur, après ratification, le 1ᵉʳ juillet 1962.)

Statuts du Conseil Nordique

Article premier
Le Conseil Nordique est un organe qui a pour mission de permettre au Folketing de Danemark, au Riksdag de Finlande, à l'Alting d'Islande, au Storting de Norvège et au Riksdag de Suède, ainsi qu'aux Gouvernements de ces pays, de se concerter dans les questions au sujet desquelles une coopération entre tous ces pays ou entre certains d'entre eux peut s'établir.

Article 2
Le Conseil se compose de soixante-neuf délégués parlementaires et de représentants gouvernementaux des pays membres.
Le Folketing de Danemark, le Riksdag de Finlande, le Storting de Norvège et le Riksdag de Suède élisent chacun dans son sein seize délégués ainsi qu'un nombre suffisant de suppléants, et l'Alting d'Islande élit dans son sein cinq délégués ainsi qu'un nombre suffisant de suppléants, pour la durée et dans les formes prescrites par chacun des pays membres.
Les délégués de chacun des pays représenteront diverses tendances politiques.
Chacun des Gouvernements désigne ses représentants parmi ses membres, et en fixant le nombre.

Article 3
Les représentants gouvernementaux n'ont pas voix délibérative au Conseil.

Article 4
Le Conseil se réunit une fois par an à la date fixée par lui (session ordinaire). Il se réunit en outre lorsque décision en est prise par le Conseil ou que demande en est faite par deux Gouvernements au moins ou 25 membres parlementaires au moins (session extraordinaire). Les réunions ont lieu dans les capitales des pays membres, conformément aux décisions du Conseil.

Article 5
Le Conseil élit parmi les délégués parlementaires, pour chaque session et pour toute la période qui s'écoulera jusqu'à la session suivante, un président et quatre vice-présidents. Le président et les vice-présidents constituent ensemble la Présidence du Conseil.

Article 6
Les délibérations du Conseil sont publiques à moins que le Conseil, eu égard au caractère d'une affaire, n'en décide autrement.

Article 7
À chaque session ordinaire, les membres parlementaires se groupent en comités permanents chargés de préparer les affaires. Sur décision de la

Présidence, ces comités peuvent se réunir entre les sessions dans des cas spéciaux.

Pour préparer certaines affaires, des comités de l'espèce pourront être constitués entre les sessions.

Article 8

La délégation de chacun des pays nomme ses secrétaires et autres employés. Les travaux des secrétariats et la coopération qui s'établit entre ceux-ci sont dirigés par la Présidence.

Article 9

Chacun des Gouvernements et chacun des membres jouissent du droit de porter une affaire devant le Conseil, par demande écrite adressée à la Présidence. Celle-ci fait procéder à l'enquête qu'elle juge nécessaire et transmet aux Gouvernements et aux membres avant la session, en temps utile, le dossier de l'affaire.

Article 10

Le Conseil traite les questions qui présentent un intérêt commun pour les pays membres et il peut formuler des recommandations qu'il adresse aux Gouvernements. Ces recommandations porteront mention de la façon dont chacun des membres a voté.

Dans les questions qui concernent exclusivement certains pays, seuls les membres de ces pays pourront exercer le droit de vote.

Article 11

À chaque session ordinaire les Gouvernements doivent faire connaître au Conseil les mesures prises à la suite des recommandations du Conseil.

Article 12

Le Conseil établit lui-même son règlement intérieur.

Article 13

Chacun des pays membres s'engage à couvrir les frais qui découlent de sa participation au Conseil. La répartition des frais communs est réglée par décision du Conseil.

Règlement intérieur du Conseil Nordique

(adopté par le Conseil le 20 février 1953, modifié ultérieurement)

Article premier

Les sessions ordinaires et extraordinaires, convoquées par décision du Conseil, s'ouvrent à la date fixée par le Conseil conformément à l'article 4 du Statut du Conseil Nordique. Toutefois, le Conseil peut laisser à la

Présidence le soin de fixer la date d'ouverture d'une session. Dans des circonstances spéciales, la Présidence peut, avec l'assentiment unanime des délégations, fixer pour une session une date ou un lieu différents de ceux fixés par le Conseil.

Si deux Gouvernements ou 25 délégués élus au moins désirent qu'une session extraordinaire soit convoquée, ils soumettent une demande écrite à cet effet à la Présidence. Sauf décision contraire du Conseil, la session extraordinaire se tient au lieu et s'ouvre à la date fixés par la Présidence, si possible après consultation des délégations.

La Présidence veille à ce que les Gouvernements, les délégués élus et leurs suppléants soient avertis de la date et du lieu de la session trois mois avant son ouverture. Dans des circonstances spéciales, les avis de convocation des sessions extraordinaires peuvent être envoyés plus tard.

La session est close lorsque les questions inscrites à l'ordre du jour visé à l'article 9 ont été définitivement tranchées ou renvoyées à une session ultérieure.

Article 2

Les questions visées à l'article 9 du Statut peuvent être soumises au Conseil *par* un délégué élu, en tant que proposition de délégué, *par* un Gouvernement, en tant que proposition de Gouvernement, *par* une communication du type prévu à l'article 11 du Statut ou *par* un rapport sur la coopération nordique. Ces propositions et communications sont soumises par l'intermédiaire du secrétariat du pays intéressé.

Un suppléant au Conseil peut soumettre, de concert avec un délégué élu, une proposition du délégué.

Une proposition de délégué ou une proposition de Gouvernement doit contenir une proposition appelant une décision du Conseil. Toutefois, une proposition de Gouvernement peut simplement contenir une demande d'avis.

Article 3*

Une proposition de Gouvernement ou une proposition de délégué doit être soumise à l'un des secrétariats deux mois au plus tard avant l'ouverture d'une session ordinaire pour pouvoir être examinée au cours de cette session. Dans des cas particuliers, la Présidence peut ramener ce délai à un mois, sous réserve que l'étude nécessaire n'en soit pas rendue sensiblement plus difficile. Les communications et les rapports visés à l'article 2 doivent être soumis à l'un des secrétariats un mois au plus tard avant

---

* Aux termes de l'article 26 du Règlement intérieur du Conseil Nordique, le Conseil décida le 18 février 1964 de modifier, provisoirement et jusqu'à disposition ultérieure, les termes du Règlement intérieur du Conseil de telle sorte que la transmission des documents visés à l'article 3, paragraphe premier, soit limitée aux affaires qui sont mises à l'ordre du jour sur proposition de la Présidence, et que le délai indiqué à l'article 4 pour la présentation de propositions d'amendement soit fixé de manière à expirer le premier jour de la session.

l'ouverture de la session. Les propositions de Gouvernement et les propositions de délégué, accompagnées des études jugées nécessaires par la
Présidence, ainsi que les communications et les rapports doivent être
transmis aux Gouvernements, aux délégués et aux suppléants aussitôt
que possible et au plus tard trois semaines avant l'ouverture de la session.
Si le Conseil décide de tenir une session extraordinaire, il est également
fixé un délai pour soulever une question aux fins d'examen au cours de
cette session. Le Conseil peut décider que seules certaines questions
seront traitées au cours d'une session extraordinaire.

Les sessions extraordinaires tenues conformément à l'article premier,
paragraphe 2, ne traitent que des questions pour l'examen desquelles le
Conseil a été convoqué. Tous les documents doivent être distribués aussitôt que possible.

Nonobstant les dispositions du présent article, le Conseil peut décider, à
la majorité des deux tiers, de prendre une question en considération.

Article 4
Dans le cas des questions dont l'examen a été ajourné ou de celles qui
ont été soumises au Conseil conformément à l'article 3 par une proposition de Gouvernement ou une proposition de délégué avant l'ouverture
d'une session, un Gouvernement ou délégué peut soumettre des propositions écrites (propositions d'amendement) jusqu'à ce que la question
soit renvoyée à une commission. À propos d'une communication ou d'un
rapport, des propositions (propositions complémentaires) peuvent être
soumises, de la même façon, sept jours au plus tard avant l'ouverture
d'une session. Les modalités selon lesquelles des propositions peuvent
être soumises à un stade ultérieur sont définies à l'article 15.

Article 5
En cas de retrait d'une proposition de Gouvernement, d'une proposition
de délégué, d'une proposition d'amendement ou d'une proposition complémentaire, un délégué peut, lors de la séance à laquelle le retrait est
annoncé, reprendre la proposition en question.

Article 6
Sur la base de notifications qui doivent être adressées aux secrétariats
une semaine au plus tard avant l'ouverture de chaque session, il est établi
une liste des délégués à la session. Cette liste est approuvée à la première séance de la session. Elle est, s'il y a lieu, modifiée.

La liste des délégués est établie par ordre alphabétique, en énumérant
d'abord les représentants des Gouvernements puis les délégués élus.
C'est dans cet ordre que les délégués prennent place dans la salle des
séances.

Article 7
Le Président et les Vice-Présidents sont élus au cours de la première
séance de chaque session, des dispositions doivent être prises, lors de
ces élections, pour que chaque pays et les diverses opinions politiques

soient représentés à la Présidence. En attendant ces élections, le Président sortant préside aux délibérations.

Toute personne assumant ou ayant assumé la présidence d'un débat sur une question peut prendre part à la décision mais non au débat.

Article 8
Le secrétaire d'une session est le secrétaire de la délégation du pays où a lieu la session. Le personnel supplémentaire prescrit par la Présidence aide à l'exécution des travaux de secrétariat.

Article 9
Un ordre du jour est adopté à la première séance de la session. Cet ordre du jour comprend les questions soumises conformément à l'article 3 ou renvoyées à cette session; toutefois, le Conseil peut omettre les communications qu'il ne lui paraît pas nécessaire d'examiner au cours de la session. Les questions admises ultérieurement sont également inscrites à l'ordre du jour.

Article 10
Au cours de la première séance de la session, le conseil détermine quelles commissions il y a lieu de créer et désigne leurs membres. Lors de ces désignations, il doit chercher à assurer une représentation équilibrée au sein de chaque commission.
Chaque commission élit parmi ses membres un président et un vice-président.

Article 11
Les séances du Conseil ont lieu aux dates fixées par le Conseil ou par la Présidence.
Compte tenu des décisions éventuelles du Conseil sur l'examen des questions, le Président établit l'ordre du jour de chaque séance. Toutefois, la Présidence sortante fixe l'ordre du jour de la première séance de la session. Des questions sur l'organisation des travaux de la session en cours peuvent être posées sans avoir été inscrites à l'ordre du jour. Les séances doivent être annoncées, soit par des avis affichés dans les locaux du Conseil au plus tard à 16 heures la veille de la séance, soit au cours d'une séance tenue ce même jour; en cas d'urgence, les séances peuvent être convoquées par des communications adressées personnellement à tous les délégués.

Article 12
Le Conseil renvoie aussitôt que possible aux commissions les questions inscrites à l'ordre du jour. Avant qu'une question soit renvoyée en commission, les membres du Conseil ont la faculté de présenter des observations à son sujet. Toutefois, sous réserve d'une décision unanime du Conseil, une question peut être tranchée sans avoir été renvoyée en commission.
Une question qui a été examinée par une commission ne peut être tranchée avant le surlendemain du jour où le rapport de la commission

est parvenu au Conseil. Toutefois, le Conseil peut décider que la question sera examinée plus tôt.

La question sera tranchée au cours de la séance à l'ordre du jour de laquelle figure le rapport de la commission, à moins que le Conseil ne décide de la renvoyer à une séance ou à une session ultérieures.

Les questions qui ne concernent que les activités du Conseil peuvent être tranchées sans avoir été renvoyées en commission.

Article 13

Une commission peut, pour autant qu'elle le juge nécessaire, désigner un de ses membres comme porte-parole sur toute question qui lui a été renvoyée. Les membres minoritaires d'une commission peuvent également désigner un porte-parole.

Une commission peut inviter un délégué au Conseil non membre de la commission et un représentant gouvernemental non membre du Conseil à participer à ses délibérations, sans toutefois exercer le droit de vote. La commission peut également inviter des personnes extérieures au Conseil à lui fournir des renseignements ou à faire devant elle des exposés.

Un membre d'une commission auquel l'article 10, paragraphe 2, du Statut interdit de prendre part à la décision sur une question, ne peut non plus prendre part aux décisions de la commission.

En cas de partage des voix au sein d'une commission, la voix du Président est prépondérante. Tout membre d'une commission a le droit de soumettre une proposition divergente de celle soumise par la commission.

Les rapports des commissions, accompagnés des réserves (propositions de la minorité), doivent être soumis au Conseil par écrit.

Article 14

Au cours des délibérations du Conseil, les délégués sont autorisés à prendre la parole dans l'ordre dans lequel ils l'ont demandée. Le Président peut modifier cet ordre, sous réserve de l'approbation du Conseil. Sur proposition du Président, le Conseil peut limiter le temps de parole des orateurs, pour un débat. Sur proposition du Président ou de cinq délégués élus au Conseil, le Conseil peut décider, à la majorité des deux tiers, de clore la discussion d'une question. De telles propositions ne peuvent donner lieu à un débat.

Article 15

Une recommandation concernant une question inscrite à l'ordre du jour peut être mise aux voix dans le cadre d'une proposition de Gouvernement, d'une proposition de délégué, d'une proposition d'amendement ou d'une proposition complémentaire, ou même à l'occasion de propositions que le Conseil a accepté de prendre en considération. L'accord du Conseil est également nécessaire lorsque, au cours d'un débat, un délégué soumet une proposition de recommandation ne découlant pas du rapport soumis par la commission.

La décision à prendre sur une recommandation est prise à la suite d'un vote par appel nominal, fait suivant l'ordre de la liste des délégués. À l'appel nominal, fait suivant l'ordre de la liste des délégués. À l'appel nominal, les délégués ont à répondre «oui» ou «non» ou «abstention». Une recommandation est adoptée lorsque plus de la moitié des délégués présents, ayant droit de vote sur la question, ont voté «oui».

Lorsque ont été soumises, sur une même question, plusieurs propositions de recommandation mutuellement incompatibles, le Président détermine l'ordre dans lequel elles seront mises aux voix. Le Président annonce cet ordre au Conseil, si possible avant le débat et au plus tard avant l'ouverture du scrutin.

Article 16

Pour les élections, le vote a lieu au scrutin secret si un délégué élu le demande. En cas de partage des voix, il est procédé à un tirage au sort. Les commissions de travail des délégations, visées à l'article 25, soumettent des propositions en vue des élections prévues à l'article 7 et à l'article 10, paragraphe premier.

Article 17

Dans les cas autres que ceux visés aux articles 15 ou 16; le vote a lieu au scrutin public si plus d'une proposition a été soumise ou si un délégué élu le demande. Si, pour des raisons particulières, la Présidence estime qu'un vote n'est pas nécessaire, le Président peut s'abstenir de mettre aux voix la question à l'étude.

Le scrutin public a lieu par assis et levé. L'épreuve fait apparaître combien de membres présents ont voté pour ou contre, ou se sont abstenus. En cas de partage des voix, la voix du Président est prépondérante. Si plusieurs votes doivent intervenir, les dispositions de l'article 15, paragraphe 3, sont applicables.

Si un délégué élu le demande, le vote a lieu par appel nominal, conformément aux dispositions de l'article 15, paragraphe 2, et non au scrutin public.

Article 18

Le quorum est atteint au Conseil et dans les commissions lorsque la moitié au moins des délégués élus sont présents. Si, en vertu de l'article 10, paragraphe 2, du Statut, seuls les délégués de certains pays prennent part à l'examen de la question, le quorum est atteint au Conseil et dans les commissions lorsque la moitié au moins des délégués élus de ces pays sont présents.

Article 19

Le secrétaire assure l'établissement des procès-verbaux des séances du Conseil; ces procès-verbaux doivent contenir un compte rendu sténographique des délibérations. Les procès-verbaux sont soumis à l'approbation de la Présidence.

Le secrétaire fait imprimer les procès-verbaux, à l'exception des passages ayant trait aux séances tenues à huis-clos.

Article 20
Les recommandations sont signées par le Président et contresignées par le secrétaire. Le résultat des votes sur les propositions de recommandation est communiqué aux Gouvernements, que ces propositions aient été adoptées ou rejetées.

Article 21
Les frais d'impression et les autres dépenses communes visées à l'article 13 du Statut sont répartis entre les pays proportionnellement au nombre de leurs délégués élus au Conseil. Toutefois, chacun des pays couvre les dépenses spéciales afférentes aux réunions qui ont lieu sur son territoire. Dans des cas spéciaux, la Présidence peut décider une autre répartition.

Article 22
Dans l'intervalle des sessions, la Présidence assure l'expédition des affaires courantes du Conseil. Elle fait rapport à chaque session ordinaire sur ses activités depuis la dernière session ordinaire.
La Présidence établit les règles nécessaires à la conduite de ces activités et à la collaboration mutuelle des secrétariats, dont la Présidence est responsable en vertu de l'article 8 du Statut. La direction du secrétariat de chaque pays incombe au représentant de ce pays à la Présidence.
La Présidence peut prendre des décisions sans tenir de réunion, sous réserve de l'accord unanime de ses membres.

Article 23
Les personnes autres que les délégués et les suppléants ne peuvent être nommées membres d'un comité que dans des cas particuliers. Les comités présentent un rapport d'activité aux sessions ordinaires.

Article 24
Si un membre de la Présidence ou d'une commission se trouve empêché, de façon temporaire ou permanente, de participer aux travaux dans l'intervalle des sessions, ou cesse d'être délégué au Conseil, il est remplacé par un délégué désigné par la délégation à laquelle il appartient. Dans l'intervalle des sessions, un membre d'un comité ou son suppléant est désigné par la délégation de son pays.

Article 25
Chaque délégation constitue une commission de travail qui se concerte avec la Présidence et avec les autres commissions de travail sur les questions concernant l'organisation des travaux du Conseil.

Article 26
Dans des cas particuliers, le Conseil peut décider, à la majorité des deux tiers, de déroger aux règles prescrites par le présent Règlement intérieur.

Titre d'autres accords conclus entre les pays nordiques

1. Traité de coopération du 1/7/1962
   Modifications à la *procédure du Conseil nordique*, proposées par l'Assemblée plénière du C.N. le 17/2/71, entrées en vigueur le 1/7/71 et amendées le 4/3/76.
   Procédure du Conseil nordique des ministres, entrée en vigueur le 1/7/73 et amendée le 4/12/75.

2. Coopération culturelle : Traité des cinq pays nordiques concernant la *coopération culturelle*, en vigueur le 1/1/72.

3. *Transports et communications*, Traité du 6/11/1972. (Concerne les cinq pays nordiques également.)

4. Convention sur la *protection de l'environnement*, signé le 19/2/74. (Ne comporte pas l'Islande.)

5. Accords entre le Danemark, la Finlande, la Norvège et la Suède, concernant un *Marché commun du travail*, en vigueur le 2/7/54.

6. Convention sur la *sécurité sociale* (les cinq pays nordiques). En vigueur le 1/11/56, révisée et amendée les 13/9/61, 24/8/66, 2/2/67, 2/12/69, 2/2/75.

7. *Réglementation des passeports* : protocole entre les gouvernements des pays nordiques (sauf Islande) en vigueur le 1/7/54. L'Islande en fait partie le 1/12/55 à la suite d'un échange de notes gouvernementales.
   Convention entre la Norvège, la Suède, la Finlande, le Danemark concernant les dérogations au contrôle des passeports aux frontières intra-nordiques. En vigueur le 1/5/58. Étendue à l'Islande le 24/9/65. Amendée le 2/4/73.

8. *Assistance aux pays en voie de développement* : accord des pays nordiques concernant l'administration de projets nordiques conjoints, en vigueur le 18/7/68. L'Islande s'y joint le 25/5/73.

9. *Technologie et développement industriel* : accord des cinq pays nordiques pour la constitution d'un fonds nordique destiné à leur développement technologique et industriel, signé le 20/2/73.
   Statuts pour le fonds précité, confirmés par le Conseil nordique des ministres, le 12/6/73.

N.B. Adaptation et traduction à partir de « Coopération Agreements between the Nordic Countries. » Nordisk Utredningsserie, Stockholm, 1976 : 8.

Index

N.B. Cet index ne reprend pas les noms revenant très fréquemment et concentrés dans certains chapitres, tels que: Conseil nordique, assemblée législative du Conseil nordique, etc.
Le procédé de sélection (index analytique et index des noms propres) ne comporte pas les revues.
On s'est inspiré d'un modèle combinant les éléments précités, notamment de J. H. Ferguson et D. E. McHenry dans *The American Federal Government*, New-York, Mc Graw-Hill, 1977, p. 525 à 536.

Cahiers du Québec

Achevé d'imprimer par les travailleurs
des ateliers Marquis Limitée de Montmagny
en juillet 1978